KB174388

사진으로 보는
중국고대성벽

사진으로 보는
중국고대성벽

초판 1쇄 인쇄일	2018년 6월 21일
초판 1쇄 발행일	2018년 6월 23일

지은이	양국경
펴낸이	정진이
편집장	김효은
원문감수	이성국
편집 / 디자인	우정민 박재원 장 여
마케팅	정찬용
영업관리	한선희 우민지
책임편집	정구형
인쇄처	국학인쇄사
펴낸곳	국학자료원 새미(주)
	등록일 2005 03 15 제251002005000008호
	경기도 파주시 소라지로 228-2 (송촌동 579-4)
	Tel 442-4623 Fax 6499-3082
	www.kookhak.co.kr
	kookhak2001@hanmail.net

ISBN	979-11-87488-00-0 *00000
가격	00,000원

사진으로 보는
중국고대성벽

발간사

성벽은 청동기 시대부터 신전의 신성구역을 표시하거나 신전을 포함한 지배자의 거주지를 보호하기 위해 쌓은 성으로 나타나게 된다. 성곽은 집락의 형성과 지배자에 의한 노동력의 징발, 곧 정치집단의 발생을 전제하므로 국가의 기원과 연계된다. 고전적 성곽발생 이론에 따르면 농경집단이 유목집단의 약탈로부터 생명과 재산을 지키기 위하여 성곽을 축조하였다고 한다.

중국의 고대 성벽은 성도 외곽에 위치한 성벽과 도성을 방어하기 위한 성벽으로 나뉘는데 외곽에 위치한 성벽은 적의 기마병 침입을 막기 위한 방책적 성벽이고 도성을 방어하기 위한 성벽은 통치자의 재산과 생명을 보호하기 위한 성벽으로 구분된다.

중국은 서주부터 춘추전국 시기의 많은 국가가 생겨나면서 국가의 정치, 경제, 사회의 중심인 도성이 필요하게 되었고 건국 왕조마다 도성을 방비하기 위해 성벽을 축조하거나 증설하는 사업부터 시작했다. 일반적으로 도성은 하나의 '성'에서 '성'과 '곽'의 연결하는 구조로 발전하게 되는데 한나라 때는 서쪽에 자리 잡고 동쪽으로 향하는 배치구조에서 북쪽에 자리 잡고 남쪽으로 향하는 방향으로 성벽의 배치구조가 바뀌었다. 나무를 기초재료로 사용하는 성벽의 축조 기술은 토목건축기술이 사용되면서 실용성을 갖추어 인간 삶을 편리하게 함과 동시에 예술

성을 가미하여 자연과의 조화를 강조하면서 발전해 왔다.

성곽은 일반적으로 바둑판 모양의 궁성, 내성, 외성이라는 3개의 성벽 구조로 지어졌는데 이것이 이후 성곽 건축의 표준이 되었다. 도성의 성벽은 기본적으로 한 방향을 바라보고 있으며 사방에는 세 개의 문으로 구성되어 있다. 이후 수당 시기에 이르러 남북을 중축선으로 한 완벽한 좌우 대칭의 배치로 발전하게 된다. 주요 도성으로는 진나라의 함양성(咸陽城), 위나라의 낙양성(洛陽城), 당나라의 장안성(長安城) 등이 있다.

이 책에서는 시대마다 위치했던 성벽을 기준으로 유래와 역사, 현재의 모습까지 사진으로 풀이하였다. 또한 성문의 위치, 길이, 규모, 축조된 높이까지 자세히 기록하고 있으며 성을 쌓은 벽돌의 길이와 너비, 두께까지 기록하고 있어 성벽을 연구하는 연구자에게는 활용가치가 높은 자료집이다.

사진으로 보는 중국고대성벽

차례

사진으로 보는 **중국고대성벽**

사진으로 보는 **중국고대성벽**

제8부 특별구 (홍콩·마카오·대만)

- 구용채 성벽 九龍寨城
- 담수홍모 성벽 淡水紅毛城
- 마카오 성벽 澳門城
- 대남 성벽 台南城
- 대북 성벽 台北城
- 항춘 성벽 恒春城

제9부 특별편 (만리장성)

- 장성

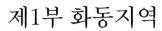

제1부 화동지역

거현 성벽 莒县城

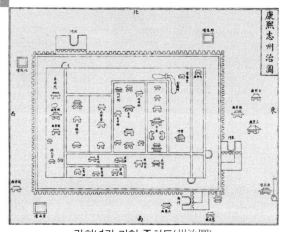

강희년간 거현 주치도(州治圖)

산동성 동남부에 있는 거현은 거주(莒州), 거(莒)라고도 불리며 성급역사문화명성이다. 거고성(莒故城)은 세 겹으로 되어 있는데 내성의 길이는 12리이고 곽성의 길이는 40여 리이다. 기원 1341년부터 1370년 사이에 참정(參政) 마목화(馬睦火)가 성이 커서 수비에 불리하다는 이유로 성 동북모퉁이를 갈라서 둘레 길이가 5리쯤 되고 성문이 세 개인 토성을 하나 쌓았다. 지주 유호례(劉好禮)가 서호(西湖)의 물을 끌어들여 성지를 감돌아 흐르도록 해자를 팠다. 1646년, 1653년에는 지주(知州) 최봉(崔对), 지주(知州) 진숭고(陳崇誥)가 각각 중수했고 1668년에는 지진으로 성벽 대부분이 무너져 지주(知州) 당용상(唐龍翔)이 성을 중수했다.

이 토성은 1511년에 지주 유중강(劉仲剛)이 중수했는데 높이는 2.2장이였고 해자는 폭이 2.7장이였고 깊이는 약 1.3장이였다. 1597년에 지주 곡문괴(谷文魁)가 성을 중수하면서 토성을 전성으로 바꿨다.

이외에도 1916년에는 지사(知事) 주인수(周仁壽)가 해자 주위에 부들을 심어 판 돈으로 부숴진 성벽을 보수했으며 1929년에는 현장(縣長) 유린불(刘麟紱)이 성황묘(城隍廟) 앞에 서성문을 쌓았는데 문동 아치형 구조에는 세 층은 세로로, 두 층은 가로

거성 성벽유적과 등성보도

로 벽돌을 총 다섯 층 포개어 쌓았
다. 성문 높이는 9척이고 너비는 7척
이며 담의 두께는 1.2척이다. 그 후
성벽은 전란과 함께 보수가 오랫동
안 방치되어 점차 훼손되었고 1949
년 이후에는 도시 건설을 위해 성벽
대부분을 철거했다.

20세기 80년대 이후 당지 문화재
연구소의 조사에서 잔존 성벽은 오
늘의 거현성 주변 외곽에 분포되
어 있었는데 성 북쪽 담은 옛 성터
와 북쪽으로 1.5km 떨어졌고 성 남
쪽 담은 옛 성터와 남쪽으로 1.2km,
성 동쪽 담은 옛 성터와 동쪽으로
0.5km, 성 서쪽 담은 옛 성터와 서쪽
으로 2.5km 떨어져 있었다.

20세기 90년대에 복원된 성벽과 기념비

거성 성벽유적

산동성 중점보호문화재로 지정된 거국고성(莒國故城) 문화재 보호 표지비

거현 성루 옛모습

곡부 성벽 曲阜城

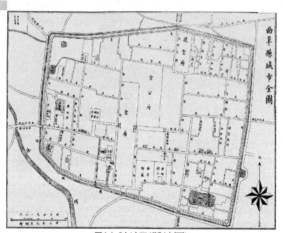

곡부 현성도(縣城圖)

산동성 서남부에 있는 곡부는 중국 유학사상의 시조인 공자의 고향으로 1982년에 국가역사문화명성으로 지정되었다.

곡부는 기원전 11세기에 축성을 시작하여 기원전 8세기에 정식으로 형성되었는데 이것이 바로 노국고성(魯國故城)이다. 노성(魯城)은 외성과 내성으로 이루어져 있는데 외성은 평면이 각이 둥근 불규칙 장방형 모양이며 동서로 가장 긴 곳은 3.7km, 남북으로 가장 넓은 곳은 2.7km이며 둘레 길이는 11.5km이고 성밖에는 너비가 30m쯤 되는 성호가 있다. 기원전 8세기로부터 기원 초년 사이에 성벽은 여러 차례의 증축과 보수를 걸쳐 잔존 높이가 가장 높은 곳은 약 10m에 달했고 성문은 11개가 설치되었다. 성내에는 밀집된 대형건축기지가 있는데 고고학 발굴자료에 대한 검증을 거쳐 기원전 770년부터 기원 8년 사이의 노왕궁성임을 확인하였다. 1961년 3월에 노국고성 유적은 국가급중점보호문화재로 지정되었다.

오늘날 곡부현성 유적은 노국고성 서남모퉁이에 있다. 기원 1512년에 순무도어사(巡撫都御史) 조황(趙璜)이 조정에 곡부성을 이전할 것을 신청하고 공자묘를 보호하기 위해 새로 성을 쌓았는데 이것이 '명성(明城)'이다. 성의 둘레 길이는 10리이고 높

곡부성 남문, 입구로 들어가면 바로 공묘(孔廟)이다.

이는 2장, 두께는 1장이며 외부는 벽돌을 포개어 쌓고 성문 다섯 개에는 모두 성루를 쌓았다. 1853년에 곡부현성을 중수했다.

1917년에 곡부성벽을 중수했는데 1930년에 장개석, 염석산(閻錫山), 풍옥상(馮玉祥)의 내전이 일어나 동문, 서문, 북문 성루가 폭격에 무너졌고 후에 수즙을 거치긴 했지만 원래의 규모대로 복원되지 않았다.

1978년 7월에 국가문화재관리국의 심사와 비준을 거쳐 곡부명성벽을 철거하면서 남문, 북문과 동북, 서북 모퉁이 일부만 잔존되었다. 2002년 3월에 명곡부고성 건설공사를 시작했는데 신성의 길이는 5300m였고 높이는 6m였으며 총 3000만 위안의 자금이 투여되었다. 곡부신성은 성문 12개에 문동이 25개가 있는데 정남문, 북문과 고루남가(鼓樓南街) 성문에는 모두 문루가 설치되어 있다. 창고, 동남 마도 동쪽 끝과 안묘가(顔廟街) 동쪽 끝에 있는 성문은 출입구가 하나이고 인민병원 서쪽의 성문은 출입구가 두 개이며 기타는 출입구가 세 개다.

2001년 3월에 명곡부성 유적시급보호문화재로 지정되었다.

신축된 곡부 명고성(明故城) 성문과 성루

사진으로 보는중국 고대 성벽

새로 쌓은 곡부성벽

봉래 성벽 蓬萊城

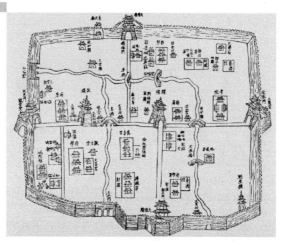

봉래성 안내도

봉래는 교동반도(膠東半島) 최북단 그리고 발해와 황해가 합류하는 경계지역에 있다. 기원 1376년에 지휘 사관(謝觀)이 현성을 확장하여 수축했는데 성은 불규칙적인 정방형 모양이였고 둘레 길이는 9리였으며 높이는 3.5장, 두께는 2장이였고 성문은 네 개 설치했다. 성벽 내외측은 벽돌을 쌓았고 중간은 흙을 달구질해서 채웠다.

1793년에 봉래 지현 안규문(安奎文)이 약간의 국고자금을 신청하여 성을 중수했고 1879년에는 등주부(登州府) 지부 가호(賈瑚), 봉래 지현 왕조곡(王朝谷), 강서채(江瑞采) 등이 동, 남 성루를 다시 수즙하고 성벽이 갈라진 데를 보수했다.

1945년 이후에는 동, 남, 서쪽 성벽 일부를 철거했으며 1947년에 장개석 인솔부대가 현성을 점령하고 성벽을 보수하고 보루를 중축했다. 1949년 이후에는 도시건설과 함께 성벽 대부분이 점차 철거되었다.

20세기 80년대 이후 당지 문화재연구소의 조사에서 옛 봉래성은 상수문(上水門) 등 성벽 잔존 구간만 확인되었는데 2007년에 봉래시 자형산(紫荊山) 동사무소 만수(萬壽) 주민단지 내의 '등주부 성벽유적'은 시급보호문화재로 지정되었다.

봉래수성은 현성 서북쪽에 있는 단애산(丹崖山) 동쪽 바다 입구에 있다. 1376년

봉래성 진양문(振揚門)

에 등주위(登州衛)를 설치하면서 해선으로 요동의 군수품을 운반하기 위해 지휘 사관(謝觀)이 수성(水城)을 쌓았다. 수성은 원 '도어채(刀魚寨)' 모래 제방둑을 기초로 강어귀의 진흙을 모래와 섞어 토성을 쌓았는데 마침 성내에 바다가 있어 '수성'이라고 했다.

후에 해적을 방어하기 위해 수부(帅府)를 설치하고 '비왜성(備倭城)'이라 했는데 둘레 길이는 3리 남짓했고 높이는 3.5장이였으며 두께는 1.1장이였다. 1596년에 총병 이승훈(李承勳)이 돌과 벽돌로 성을 견고하게 했으며 1793년에는 지현이 국고 자금을 신청하여 성을 보수했고 1875년에는 지현 정석홍(鄭錫鴻) 등 관원들이 수성 보수를 위해 관민들을 동원하여 돈을 기부했다.

1912년 후에 수성의 주체 건축과 부분적인 부속 건축물이 많이 훼손되었는데 부분적인 보수는 자주 이루어졌다.

1977년에 수성유적지는 성급보호문화재로 지정되었으며 1982년에는 국가중점 보호문화재로 지정되었다.

신축된 봉래성루

봉래 수성(水城) 성문

봉래 수성(水城) 성벽

봉래 수성(水城)의 바다로 뻗은 수도(水道)

봉래 수성(水城) 성벽

봉래 수성(水城)의 수문벽 받침돌

연주 성벽 兗州城

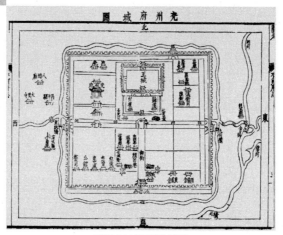

연주 부성도(府城圖)

　　산동성 서남부에 있는 연주(兗州)는 옛날에 '연주(沇州)'라고 했으며 기원전 21세기 경의 9주 중의 하나이다.

　　하나라(기원전 21세기-기원전 17세기)시기 하우 치수 후 중국을 9주로 나누었는데 冀, 兗, 靑, 荊, 扬, 梁, 雍, 徐, 豫 등이다.

　　문헌기재에 의하면 일찍 기원전 3세기에 연주에서 토성을 쌓았는데 성문 네 개에는 모두 토루가 있었다고 한다. 기원 1370년에 주원장은 열번째 아들 주단(朱檀)을 노왕(魯王)으로 봉하고 연주성 내에 노왕성(魯王城)을 쌓았다. 노왕성은 당나라 연주서(兗州署) 부근에 있는데 둘레 길이는 3리 309보 5촌이고 동서길이는 150.25장, 남북 너비는 197.25장이며 높이는 2.9장인데 그 중 정전(正殿) 기반의 높이는 6.9척이다. 그 후 연주성지의 규모가 작아서 무정후(武定侯) 곽영(郭英)에게 명하여 성지를 확대하여 수축했는데 둘레 길이는 14리 남짓했고 높이는 3.7장, 기초부분의 너비는 2.4장이였으며 성문은 네 개 설치했다. 연주성은 사수(泗水)를 성호로 했는데 깊이는 1.2장이였고 너비는 3장이였으며 이외에도 곽성(郭城)을 쌓고 성문은 네 개 설치했다. 1642년에 청나라 병사들이 성을 함락하면서 연주성의 동, 남, 북문을 소각하고

1947년,연주(兗州, 오늘의 산동성 제녕시 연주구)성 노문(魯門)

성루와 타구 여러 곳을 부숴 버렸다.

1671년에 연주 지현 이형(李瀅)이 성을 중수하고 1778년에는 지현 왕박옥(王璞玉)이 성을 재중수했다.

1912년 이후 연주는 도시 방어와 군사적 수요로 도시 방어 공사를 여러 차례 개조하고 강화했다. 1946년 1월에 오화문(吳化文)부대는 성 서남쪽 모퉁이로부터 서북쪽 모퉁이까지 50m내지 100m 간격으로 성벽 밖 벙커를 만들었으며 성 둘레에는 녹채(鹿砦)를 설치하고 해자는 더 넓고 더 깊게 팠다. 하여 연주성 도시 방어 공사는 '천하제일보루'라고 불릴만큼 아주 견고했다.

20세기 60년대에 도시 건설 과정에 성을 헐어 벽돌을 성안의 중산동로(中山東路), 중산서로(中山西路)에 깔면서 연주성도 점차 철거되었다.

20세기 80년대 이후 당지 문화재연구소의 조사에서 연주성은 14세기부터 17세기 사이의 서문 유적만 확인되었는데 위치는 오늘의 고루(鼓樓) 동사무소(시내 구역) 중산서로(中山西路) 해자 동쪽으로 된다. 유적은 서문 옹성의 한 구간으로 길이가 6m이고 너비가 1m이며 높이는 4m이다. 성을 쌓은 벽돌은 길이가 0.45 m, 너비가 0.29 m, 두께는 0.13 m로 비교적 컸다.

2003년에 연주성 서문 구간 유적은 시급보호문화재로 지정되었다.

위해 성벽 威海城

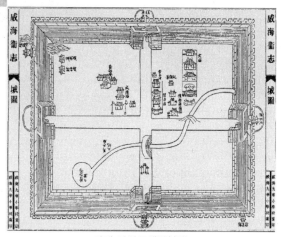

위해 위성도(衛城圖)

산동반도 동부에 있는 위해는 위해위(威海衛)라고도 불리며 북, 동, 남 세 면이 황해에 인접해 있다.

기원 1398년에 위해위가 설립될 때에는 성벽이 없었으나 1403년에 안휘 봉양 사람 도월(陶鉞)이 위해위 지휘첨사(指揮僉事)로 임명되면서 명에 의해 군민 수만명을 징집하여 위성을 쌓았는데 이를 시작으로 위해위는 점차 해방요충지로 부상하게 된다. 위해위성은 돌과 벽돌을 혼합하여 쌓았는데 둘레 길이는 6리 18보, 높이는 3장, 너비는 2장이였으며 성문 네 개에는 모두 옹성을 쌓았다. 위해위성은 수축된 후에 장기간 보수가 이루어지지 않아 담도 무너지고 병비도 약화되었다.

1636년에 방원(防院) 양문악(楊文岳)이 성을 중수한 이후 1662년부터 1722년 사이에는 성수비 이표(李標)가 성을 보수했고 1731년에는 수비 장무소(張懋昭)가 성문 네 개를 중수했다. 그 후 위해는 사회적인 안정기를 보내면서 끊임없이 성벽을 수즙하고 개축했다. 하지만 1796년부터 1820년 사이에 위해는 내부로는 봉기군과 해적의 소란을, 외부로는 서방 열강들의 침입을 받으면서 천재와 인재까지 겹처져 백성들은 불

위해시 문화재로 지정된 위해위(威海衛) 명성벽 유적 문화재 보호표지비

안한 나날을 보냈고 성벽도 점차 훼손되어 갔다.

1912년 이후에 민국정부에서 위해위를 수복하고 1931년에는 위해관리공서에서 대규모로 성벽 내외환경을 정비하기 시작했다. 먼저 동문을 철거하고 환취루(環翠樓)를 중수했으며 1933년에는 북문을 철거하고 이어 서문과 남문도 육속 철거했다.

20세기 50년대 이후 지방정부는 옛 성벽을 거의 다 철거하고 그 자리에 도로를 새로 개설했는데 동쪽 구간은 동성로로 서쪽 구간은 서성로로, 남쪽 구간은 해방로로, 북쪽 구간은 곤명로로 탈바꿈 되었다.

20세기 80년대 이후 당지 문화재연구소의 조사에서 위해위성은 길이가 약 100여m 되는 서쪽 성벽 유적만 확인되었는데 보존 상태는 비교적 좋았다.

이외에도 영성(榮成)의 나산채(羅山寨)와 장촌(張村)의 쌍도채(双島寨) 등 위해 소속 현급 도시에도 옛 성벽 유적이 십여 곳이 남아 있는데 대부분은 14세기 중후기에 수축된 것으로 역시 중요한 해상방어시설이었다.

보수를 마친 위해 서성벽 유적 꼭대기

보수를 마친 위해 서쪽구간 성벽

제남 성벽 濟南城

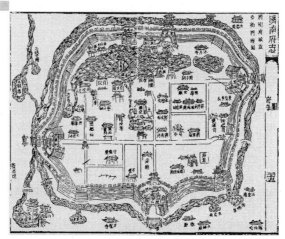

제남 부성도(府城圖)

제남은 예로부터 '천하 샘물의 도시', '세계 샘물의 도시'로 유명하며 이로써 천성(泉城)이라고도 불린다. 제남은 1986년에 국가역사문화명성으로 지정되었다.

동평릉성(東平陵城)은 일찍 기원전 475년에 세워졌는데 한나라 제남국(濟南國)의 도성으로 전국에서 가장 잘 보존되어 있는 고성지 중의 하나이며 산동성 중점보호문화재이다. 현재 남아 있는 유적은 변의 길이가 약 1900m이고 모양이 방형에 가까우며 총 면적은 360여만m² 이다. 기원 4세기 초에 제남군(濟南郡)이 동평릉성에서 역성(歷城)으로 이전하면서 역성 '고성' 동쪽으로 성벽을 확대하여 수축하고 동성(東城)이라고 했는데 서성(西城)은 백성들의 거주구역이였고 동성(東城)은 관서 소재구역이였다. 이처럼 성곽 하나에 성이 두 개 존재하는 쌍자성(双子城)구조는 10세기까지 줄곧 존재했다.

기원 1371년에 성벽 내외 측에 벽돌을 쌓고 토성을 중수했는데 둘레 길이는 12리 48장이였고 높이는 3.2장, 두께는 3장이였으며 성문 네 개에는 모두 외옹성을 쌓았고 해자는 깊이 3장에 폭은 5장이였다. 그 후 1468년, 1483년, 1592년, 1625년, 1634년에도 성을 대규모로 개수했다.

오늘의 제남 해자

1675년에는 순도(巡道) 조상정(趙祥呈)이 제남 성지를 중수했으며 1860년에는 성 벽을 더 든든하게 보호하기 위해 제남성 바깥 쪽에 흙담을 쌓았는데 1864년에 순무 (巡撫) 염경명(閻敬銘)이 돌담으로 바꾸었다. 제남 구성을 감돌아 흐르는 해자는 아 영하(娥英河), 환성하(環城河)라고도 하는데 국내에서 샘물이 합류하여 만들어진 유 일한 해자이다. 1912년 이후에 제남성벽 보수공사는 그 규모가 예전과는 비할 수 없 었지만 성벽 주요 부분은 보존상태가 여전히 좋았다.

하지만 1949년 이후에 도시 건설과 시설 설치로 성벽을 점차 철거하고 환성도로 를 개설하면서 현재는 제남 구성 동남모퉁이의 해방각(解放閣) 구간만 남아 있다.

2006년 12월에 제남시 표 돌천북로(趵突泉北路) 6 호에서 길이가 약 15m 이고 높이는 8m인 고성 벽 한구간이 발견되었는 데 이는 현재 제남시 고 성 구역에서 보존이 가장 우수한 고성벽으로 된다. 2007년에 제남 서성벽 유 적은 시급보호문화재로 지정되었다.

유존된 제남 성벽과 해방각(解放閣)

1928년, 제남성 서북각에서 등
훈련을 하고 있는 중국침략 일

1928년 제남성벽 등
성은 중국침략 일본
군 주 제남부대 군사
연습 중의 한 항목으
로 되었다.

1930년대 제남부근의
낙구진(濼口鎭), 멀리 제
남성벽이 보인다.

20세기 30년대의 제남
성벽과 해자

1928년의 제남성
외관

20세기 30년대 처참하
게 파손된 제남 내성의
낙원문(濼源門)과 성루

즉묵 성벽 即墨城

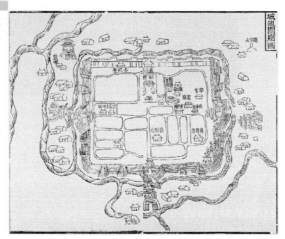

즉묵 성지도(城池圖)

산동반도 서남부에 있는 즉묵은 도읍이 묵수하(墨水河) 바로 옆 (오늘의 평도현 주모촌)에 있어 즉묵이란 지명을 얻게 되었다.

즉묵고성 유적은 오늘의 평도고현진(平度古峴鎭) 대주모촌(大朱毛村) 일대에 있으며 주모성(朱毛城) 또는 강왕성(康王城)이라고도 한다. 2001년에 즉묵고성 유적은 전국중점보호문화재로 지정되었다.

즉묵현성은 기원 596년에 건설되었으나 그 규모와 골격에 대해서는 문헌에 기재된 바가 없다. 1351년에 지현 여준(呂俊)이 성을 확대하여 수축하면서 토성을 쌓았는데 높이는 1.65장이고 두께는 약 1.2장이었으며 둘레 길이는 약 4리, 성문은 세 개였다.

1369년에 현승(縣丞) 양태중(楊泰中)의 성 중수에 이어 1507년에 지현 고윤중(高允中)이 성지를 중수하여 백성들의 반란과 변경 침입을 막았다. 1642년에 지방신사(邑紳) 남재모(藍再茂)가 동성을 전부 개수했는데 길이는 9장이었다. 이어서 1687년에는 지현 고상달(高上達)이, 1704년에는 지현 추관(鄒琯)이, 1722년에는 지현 단창종(段昌綜)이 성벽을 중수했다. 1760년에는 지현 우숙효(尤淑孝)가 성을 중수하면서 성문 세 개에 모두 성루를 쌓았다. 1786년에는 지현 엽서봉(葉棲鳳)이, 1853년에는 지현 정명

20세기 30년대 항공촬영한 즉묵성 전경

강(鄭鳴冈)이, 1859년에는 지현 이운환(李雲镮)이 성을 중수했다.

1912년 이후 계속되는 전란으로 성벽과 성내의 수많은 고건축이 심각한 파괴를 받는데 1952년에 이르러 즉묵 잔존 고성벽은 거의 다 철거되었고 성내의 고건축과 패방도 따라서 철거되었다.

2012년에 즉묵고성 보호와 개조는 전문가들의 논증을 거쳐 즉묵 시가지에 대한 개조와 결합하여 즉묵고성을 전면 복원하는데로 의견이 모아졌다. 2013년에 즉묵에서 비교적 완정한 모습의 초기 고성벽 형태가 발견되었는데 전문가들은 이 성지를 3000년 전의 군사적 거점으로 추측하고 있다.

전국중점보호문화재로 지정된 즉묵고성 문화재보호표지비 (정면)

대야장 성벽 台儿庄城

1938년, 제5전투구역의 사령 이종인 (李宗仁)과 부총참모장 백숭희(白崇 禧)가 대아장대첩을 앞두고 기념촬영 을 하고 있다.

조장시 시직할구인 대아장은 옛날에 대장(台庄)이라고 불렸으며 '산동성의 남대문' 으로 1938년 중, 일 대아장 격전지이다. 대장성은 현에서 동남쪽으로 60리 떨어진 곳 에 있는데 기원 1647년에 연동도(兗東道) 장명옥 (蔣鳴玉) 이 성을 쌓을 것을 건의해 1년후에 토성이 완공되었다. 당지 문화재 연구소에서 토성을 측량한 결과 동서 길이 는 2.5km이고 남북 너비는 1.25km이며 높이는 4m이고 해자는 폭이 10m, 깊이가 2m였다. 대아장 토성은 후에 농민봉기군의 끊임없는 공격과 약탈로 방어역할을 잃어 갔다. 1857년에 지방 우련장(圩練長) 우훈광(尤訓光)이 모금을 하여 대아장성을 개 수했는데 서성벽을 동쪽으로 1km옮겼다. 완공된 후 성은 동서 길이가 1.5km, 남북 너비가 1.25km였으며 높이는 4m이고 성 위에는 타구가 있었다. 성벽은 밑에서 위 로 가면서 안쪽으로 기울었고 내부는 굽지 않은 흙벽돌을 쌓았으며 윗부분의 너비 는 3m쯤 되었다. 성문은 모두 여섯 개였는데 동, 서, 남, 북 성문에는 높이가 약 7m

1938년5월, 중국 군대가 대아장전역을 증원하기 위해 진포(津浦)선 (천진-남경 포구 구간 철도)을 이용하는 중 성벽을 지나고 있다.

되는 이층짜리 성루를 지었고 위에는 망루가 있었으며 아래쪽 통로로는 큰 차들이 통할 수 있었다.

1938년 3월부터 4월 중순 사이에 중국 군대는 산동성 대아장에서 산동에서 두 갈래로 서주(徐州)를 진공하려던 일본군 정예 사단과 교전을 벌였다. 일본군 제5사단 이타가키 세이시로(板垣征四郎)가 임기(臨沂)를 중점 공격하였고 제10사단 이소가이 렌스케(矶谷廉介)가 등현(騰縣), 임성(臨城), 대아장을 중점 공격하였다. 이 전쟁은 항일전쟁 중 서주 격전지 중의 하나로 항일전쟁 폭발 후 국군이 처음으로 취득한 승리로 되며 이로써 대아장대첩이라고도 한다. 이번 전쟁으로 대아장성벽은 심각하게 훼손되었고 1945년에 또 대아장진정부가 민중을 조직하여 성벽을 철거하면서 성벽 훼손은 가중화되었다. 1949년 이후에 대아장성은 오랫동안 보수를 진행하

1938년 5월, 대아장전역에서 낡은 성벽으로 적을 방어하고 있는 노남(魯南)전선의 중국 군대

지 않아 20세기 80년대에는 부분적인 구간밖에 남지 않았다. 2008년에 조장시 정부
는 관광과 홍보 차원에서 대아장 고성을 중건했는데 이는 국가문화유산공원으로 지
정되었다.

보수를 마친 평파문(平波門) 수문

대아장성(臺兒庄城)

새로 보수한 대아장 성벽과 해자

강포 성벽 江浦城

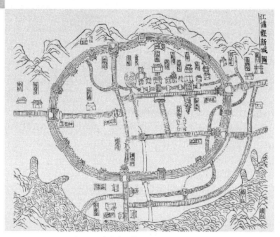

강포현(江浦縣) 신성도(新城圖)

  남경시 장강 북안에 위치한 강포는 포구 또는 포자구성으로 불리며 남경 시내와 강 하나를 사이에 두고 있는데 역사적인 교통요충지이고 남경의 천연 장벽으로 되고 있다. 포구성은 일찍 기원 588년에 진왕(晉王) (즉 양제(煬帝)) 양광(楊廣)이 부왕 문제(文帝)의 명을 받들고 진(陳)을 토벌할 때 이 곳에 군사를 주둔시키고 토성(즉 진왕성)을 쌓으면서 성을 쌓기 시작했는데 위치는 오늘의 동문진(東門鎭) 일대로 된다. 1137년에 송나라 군대가 진왕성 옛 터에 또 토성을 쌓았는데 이 두 토성은 현재 흔적을 찾을 수 없다. 1369년에 임호(즉 봉양)중도성 축조가 결정되면서 남경과 봉양중도 사이에 위치한 포구의 지리적인 우세가 한결 뚜렷해졌다. 하여 1371년 9, 10월 사이에 정덕(丁德)이 명에 의해 원래의 '선화성(宣化城)'을 기초로 규모가 비교적 큰 포구성 성지를 수축했는데 성은 원형 모양으로 되어 있으며 둘레 길이는 16리 남짓하고 성문은 다섯 개였으며 이외 남편문(南便門)을 따로 설치해서 수도를 바라볼 수 있도록 했다. 1391년에 현치가 포구성에서 광구산(曠口山)(봉산(鳳山)이라고도 함)으로 이전할 때도 성지는 수축되어 있지 않았다. 1580년에 지현 여건정(餘乾貞)이 새로 성을 쌓기 시작했는데 둘레 길이는 780장, 높이는 2장이며 두께는 1.8장 남짓하고 성문 다섯 개

남경시 문화재로 지정된 포구 명나라 성벽의 문화재 보호 표지비

에는 모두 성루를 쌓았다. 1644년 이후에 강포성 보수공사는 점점 부실해 져 1670년부터 1712년 사이에는 성벽 보수가 세 차례밖에 없었고 그 후로부터 1891년까지는 강포 성지에 대한 대규모의 보수공사가 전혀 없었다.

1912년이후 포구성은 오랫동안 보수를 하지 않아 점차 훼손되었고 20세기 50년대에는 성이 철거되면서 부분적인 성벽 유적과 성터만 남게 되었다. 이를테면 조종문(朝宗門), 부봉문(附鳳門), 공극문(拱極門)과 드문드문 이어진 10여 구간의 성벽인데 그 중 부봉문(벽돌로 쌓았는데 아치형 부분의 높이는 6m, 너비는 4m, 두께는 6m)과 부근 200m 구간의 성벽은 비교적 완정하게 보존되었다. 2010년 초에 금탕가(金湯街)를 철거하면서 성벽 유적 한 구간이 추가 발견되었다. 2012년에 포구성은 남경시 시급보호문화재로 지정되었다.

포구 남문 부근에 잔존된 가늘고 긴 돌로 쌓은 성벽

동문성벽

동문성벽의 주추돌

가늘고 긴 돌로 쌓은 포구 남
문 부근 성벽 잔존 부분의 바
깥쪽 벽체

가늘고 긴 돌로 쌓은 포구 남문 부근 잔존성벽의 바깥쪽 벽체

포구성벽이 철거된 후, 남문 부근의 일부 성돌이 민가 건축에 이용되었다.

고성 유적 固城遺址

고성 안내도

고성유적은 남경시 남쪽의 고순현성(高淳縣城)에서 동쪽으로 10여km 떨어진 고성향(固城鄕)에 있는데 '자나성(子羅城)', '초왕성(楚王城)'이라고도 하며 남경지구 옛 성읍 중의 하나이다.

기원전 541년에 오나라는 서쪽으로 끊임없이 침입하는 초나라를 막기 위해 '오두초미(吳頭楚尾)'의 군사요지로 되는 뇌수(瀨水) (즉 지금의 율수(溧水)로 중강(中江)이라고도 한다. 오늘의 고순(高淳) 경내의 서하(胥河)는 옛날에 뇌수의 상류 물줄기였다) 강변에 뇌저읍(瀨渚邑)이라고 하는 변읍을 설치하고 방어목적으로 성을 쌓았는데 이것이 뇌저읍성(瀨渚邑城)이다.

이 성벽은 후에 여러 차례 증축되면서 성지도 아주 단단하게 정비되었고 이로써 고성固城이라는 이름을 얻게 되었다. 기원전 516년(기원전 535년이란 설도 있음)에 초평왕(楚平王)이 뇌저(瀨渚)읍성에 궁전과 행궁을 대거 수축했는데 후세 사람들은 이를 '초왕성(楚王城)'이라고 했다. 기원전 506년에 오나라 왕 합려(闔閭)는 초나라에서 오

전국중점보호문화재로 지정된 고성유적 문화재 보호 표지비

나라로 간 오자서(伍子胥)를 장군으로 임명하여 병사를 거느리고 초나라 고성(固城) 궁전을 쳐들어가게 했다. 이로써 초나라는 한 달 남짓 전화에 시달렸고 고성도 결국 황폐해 졌다. 기원전 473년에 오나라의 멸망과 함께 고성은 월나라에 귀속되었다가 기원전 334년에 월나라의 멸망으로 다시 초나라에 귀속되었다.

고성 유적 중 나성(羅城)은 장방형 모양으로 되어 있는데 남북 길이는 약 800m, 동서 길이는 약 1000m이며 둘레 길이는 3915m이다. 현지인들은 지금까지 남아 있는 나성 유적을 성둔덕이라고 부른다. 내성은 장방형 모양으로 되어 있는데 남북 길이는 121m, 동서 너비는 196m이다. 내성과 외성은 모두 해자가 설치되어 있으나 정식으로 발굴되지는 않았으며 건축 공사 중 서주, 진, 한, 당나라 시기의 문물과 기원전 3세기 말부터 기원 3세기 초의 묘장품 10여 점이 출토되었다.

1995년에 고성유적은 강소성 성급보호문화재로 지정되었으며 2013년에는 전국중점보호문화재로 지정되었다.

어렴풋이 보이는 고성 자성(子城) 해자

고우 성벽 高郵城

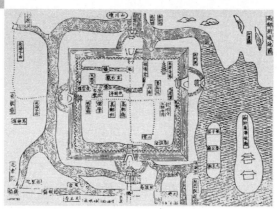

고유 주성도(州城圖)

고우(高郵)는 강소성 중부, 회하 하류에 위치해 있는데 중국 지명 중 '우(郵)'자가 들어간 유일한 도시이다.

고우에서 일찍 언제 성을 쌓았는지 정확하게 알려진 바 없으나 대부분 기원 10세기에 신성(新城)과 구성(舊城)을 쌓기 시작했다고 추정하고 있다. 기원 971년에 고우군(高郵軍) 지군사(知軍事)(지군은 고대의 관명으로 군장관에 해당한다. 전칭은 권지군주사(權知軍州事)이다.)고응우(高凝祐)가 고우성을 쌓았는데 '구성(舊城)'으로 속칭된다. 몇 차례의 보수를 거쳐 성은 방형 모양에 둘레 길이는 10리 316보, 높이는 2.5장, 꼭대기 너비는 1.5장이 되었으며 성문은 네 개였다. 1265년에 양주(揚州) 제치사(制置使)(관명.) 후(畢侯)가 고우 군성(軍城)을 보호하기 위해 앞부분에 작은 성 하나를 더 증축했는데 이를 신성(新城)이라고 한다. 1368년 후에는 성이 점차 피폐해져 토성 기초부분만 남게 되었으며 많은 조대를 거치면서 성지가 수즙되었다.

1366년에 주원장 인솔 부대가 벽돌로 성을 쌓은 후 1556년에 해적이 변경을 침입하여 지주 유준(劉峻)이 성 전체를 개수할 것을 신청했다. 1644년 이후 고우 성지는 자주 훼손되었지만 보수도 많이 진행되었고 1744년에 재차 성을 대규모로 개수하면

고유 성벽 남문 유적

강소성 문화재로 지정된 고유 규루(奎樓)
구간 성벽 문화재 보호 표지비

서 성루 이름도 고쳐 버렸다.

　1912년 이후 도시 발전과 함께 신성은 고우현성의 한 부분으로 귀속되었고 고우
성벽은 1949년 이후에 점차 훼손되고 심지어 대부분이 인위적으로 철거되었는데
1972년 전에는 122.7m가량 되는 동남쪽 모퉁이 부분만 남게 되었다. (오늘의 고우
시 환성남로)

　1984년에 지방 정부의 자금 지원으로 고우성 동남모퉁이의 규루(奎樓)를 보수했
고 청나라의 문양대로 1층의 겹처마와 회랑을 복원했으며 1985년에는 고우성 잔존
성벽 전체를 보수하고 정비했다. 1991년에 큰 홍수의 침습으로 성벽이 무너져 정부
에서 재차 자금을 지원해 성벽을 보수했다.

　2002년 10월에 고우성벽과 규루는 성급보호문화재로 지정되었다.

고유 규루(奎樓) 구간 성벽

남경 성벽 南京城

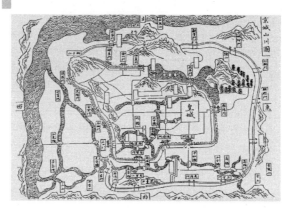

남경 경성도(京城圖)

장강 하류지역, 강소성 서남부에 있는 남경은 산과 강이 어우러져 살기 좋으며 역사적으로 줄곧 강남의 중요한 요충지였고 선후로 10개 조대에서 남경을 수도로 정했었다.

자료에 의하면 기원전 472년에 축조된 월성(越城)이 남경 최초의 성벽으로 된다. 기원전 333년에 초위왕(楚威王)이 월나라를 제패한 후 금릉읍(金陵邑)을 세우고 성을 쌓아 치소로 삼은 후 기원 220년부터 589년까지 손오(孫吳), 동진(東晉), 남조송(南朝宋), 제(齊), 양(梁), 진(陳) 등 여섯 조대에서 모두 여기에 성지를 세웠다. 기원 937년에 남당이 재궐기하면서 수축한 건강성지(建康城池)는 송나라와 원나라를 걸쳐 14세기 중엽까지 줄곧 사용되었다.

1366년부터 1393년 사이에 명태조 주원장은 남경에 궁성(宮城), 황성(皇城), 경성(京城), 외곽(外郭) 등 4중 성벽을 대규모로 수축했다. 이 중에서 안쪽으로 세번째 성벽은 전체 길이가 33.676km인데 성문은 13개가 설치되어 있고 성문마다에는 성루가 지어져 있다. 이외에 타구 13616개와 와포 200개가 있으며 성밑 수문과 아치형 수문, 배수로 등도 20여 개나 된다. 남경성 해자는 총 세 부분으로 구성되는데 하나는

청나라 말기, 남경 강변에서 의봉문(儀鳳門)으로 통하는 도로

자연 수역이고 다른 하나는 양오성호(楊吳城壕) 남쪽 구간을 정비한 것이며 또 다른 하나는 인공 하천이다.

1644년에 강녕부성(江寧府城)은 14세기 이래 줄곧 사용되던 명나라 시기 남경 경성을 그대로 사용하였다. 남경 성벽은 전쟁의 피해도 적잖게 보았는데 가장 큰 두 차례는 1853년의 태평천국 군대의 공격과 1864년의 청나라 군대의 공격을 들 수 있다.

1912년 이후에 남경성은 한때 성벽관리가 소홀해 졌는데 일본군의 중국 침략을 계기로 남경성에 대한 수즙을 진행하게 되었다. 1937년 12월에 일본군이 남경성을 공격하면서 성벽은 심한 파괴를 받았고 20세기 50년대에는 약 11km되는 성벽이 철거되어 원래 길이의 3분지 1이상 되는 성벽밖에 남지 않았다.

20세기 80년대 이래에는 남경성벽 상설보호전문기관을 두어 남경성 잔존 성벽과 해자에 대한 효과적인 보호, 보수와 전시를 진행해 왔는데 현재 남아 있는 20여km되는 남경 성벽은 세계 도시 성벽 중 보존 길이가 가장 긴 성벽으로 된다.

1988년에 남경성벽은 전국중점보호문화재로 지정되었으며 2014년에는 남경이 '중국 명청성벽' 세계문화유산 연합 신청 선두도시로 되었다.

남경 성벽 전문인 '홍무원년(洪武元年)'이란 연대 표기 전문 탁본

1949년 4월 22일, 중국인민 해방군이 남경을 점령

1937년 12월, 중국 침략 일본군의 남경 진공으로 무너진 중화문 성루

중화민국 초년, 남경 성남(城南) 외진회하(外秦淮河) 주변 어민들의 일상

대성(臺城) 구간의 성벽

중화민국 초년, 용발자(龍脖子) 구간의 남경성벽

중화민국 초년, 신책문(神策門)과 외옹성

대성(臺城) 구간의 남경성벽

동수관(東水關) 안팎의 모습

육사학당(陸師學堂)에서 새로 측량하
여 제작한 금릉(金陵) 전도(광서 34년)

중화민국 초년, 남경 석두성
(石頭城) 구간의 성벽

중화민국 초년, 남경성벽에
서 가장 아름다운 구간 중의
하나인 '대성(臺城)'

제2부 화남지역

1) 광동성 广东省
2) 광서성 广西省
3) 해남도 海南島

남웅 성벽 南雄城

남웅 주성도(州城圖)

광동성 동북부에 있는 남웅은 예로부터 5령(대유령(大庾嶺), 기전령(驥田嶺), 도방령(都龐嶺), 맹저령(萌渚嶺), 월성령(越城嶺)을 가리킨다.) 의 으뜸으로 강서와 광동을 제어하는 요충지로 되어 있으며 북쪽으로 호남성에 접해 있기 때문에 광동 전반을 제어하는 남북 교통요충지로도 유명하다.

기원 1052년에 지주 초발(肖渤)이 '두성(斗城)'이라는 고성을 세우면서 남웅은 성을 쌓기 시작했다. 둘레 길이는 6860척이였고 높이는 2.5장, 여장의 높이는 6척이였으며 성문 세 개에는 모두 외옹성을 쌓았다. 1127년부터 1279년 사이에 성을 여러 차례 중수했고 1365년에는 진수지휘(鎭守指揮) 왕서(王嶼)가 백성들을 거느리고 두성(斗城)을 중수하면서 두성 동쪽을 이어 토성을 확대 수축하고 '고성(顧城)'이라고 했는데 둘레 길이는 340장이였고 높이와 너비는 모두 한 장 남짓했다.

1466년에 남웅 지부 나준(羅俊)이 고성(顧城) 토담을 벽돌로 고쳐 쌓았는데 후에는 두성과 고성을 합쳐 '노성(老城)'이라고 했으며 둘레 길이는 총 727장이였고 성문은 다섯 개였다. 이어 1469년에 순무도어사(巡撫都御史) 한옹(韓雍)이 남웅성을 확대 수축하고 '신성(新城)'이라 했으며 1476년에 서하(西河)가 두성을 범람하여 지부

남웅성 정남문(正南門)

강박(江璞)이 제방을 쌓아 성을 보호했다. 1508년에 유구 (떼를 지어 여러 곳을 떠돌며 노략질하는 도적) 의 침범을 막기 위해 지부 왕박(王珀)이 신성의 토담을 벽돌담으로 고치고 1564년에 지부 구양념(歐陽念)의 제의로 강을 따라 성을 쌓고 목책을 전석구조로 바꾸었는데 이것을 '수성(水城)'이라고 하며 신성(新城)에 포함되었다.

1651년에 남웅 내외 두 성이 잇따라 훼손되어 지부 정용광(鄭龍光)이 성을 수즙했으며 1657년에는 홍수가 나서 두성, 고성과 신성이 모두 물에 잠기고 수성은 전부 무너졌는데 지부 육세개(陸世凱)가 성을 중수했다.

1912년 이후에 남웅성은 대부분 헐려 없어지고 부분적인 성벽과 정남문(正南門) 등 성문과 성루만 남아 있었다. 20세기 80년대 이후 문화재연구소의 조사에서 오늘의 남웅시 중산가(中山街)에 위치한 정남문은 1573년부터 1620년 사이에 개축되고 성루는 1796년부터 1820년 사이에 중수된 것임이 확인되었다.

2002년에 남웅 성벽 유적은 성급보호문화재로 지정되었다.

동관 성벽 东莞城

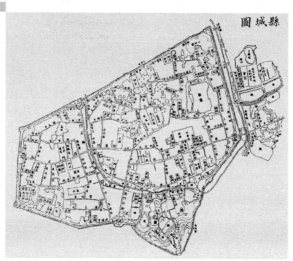

동관 현성도(縣城圖)

　동관은 '관성(莞城)'이라고도 하며 광동성 중남부, 주강 어귀 동안에 위치해 있는 광주와 홍콩 수륙교통의 요충지이다.

　동관은 비교적 일찍 성을 수축했으나 기원 14세기 이전의 상황은 고증하기 어렵다. 기원 1384년에 지휘사 상의(常懿)가 대규모로 신성(新城)을 쌓고 발맹산(钵孟山), 도가산(道家山)을 전부 성안에 포함시켰다. 성벽 외벽은 돌을 쌓았고 둘레 길이는 1299장이였으며 높이는 2.5장, 꼭대기 너비는 2장, 기초부분의 너비는 3.5장이였고 성문 네 개에는 모두 성루를 쌓았다. 1457년부터 1464년 사이에 지현 오중(吳中)이 초루(譙樓)를 증축했고 1563년에 지현 서응룡(舒應龍)의 건의로 성문 밖에 옹성이 증축되면서 병란을 막을 수 있게 되었다. 1630년에 한 차례의 큰 물로 성벽 100여장이 훼손되었는데 지현 이모(李模)가 향신들에게 성 보수 자금 기부를 호소했다.

　1725년에 동관 성벽은 많은 곳이 훼손되었으나 보수가 제때에 이어지지 못했다. 1797년, 1801년에 구풍으로 동, 남, 서쪽 성루와 좌우 포루, 성벽 100여 곳이 무너졌는데 1802년에 지현 주진한(朱振瀚)이 성벽 일곱 구간을 복원했다. 그 후에도 동관

호문(虎門)에 있는 위원(威遠) 포대와 성벽

성벽은 많이 훼손되었으며 중수도 여러 차례 진행되었다.

1912년 후에 동관성벽은 점차 파괴되었지만 전체적으로 볼 때 보존상태가 좋았고 작은 규모의 개수도 일부 있었다. 1949년 후에 도시건설을 위해 동관 성벽 대부분을 철거했고 어떤 구간은 성터가 도로로 탈바꿈했다.

20세기 80년대 후 문화재연구소의 조사에서 옛 동관성은 서정로(西正路) 입구의 영은문(迎恩門)(서성루로 속칭됨)만 남아 있었는데 2004년을 전후로 대규모의 보수를 진행했다.

1982년에 동관 영은문은 시급보호문화재로 지정되었다.

동관 영은문(迎恩門)

광주 성벽 广州城

광주 부성도(府城圖)

중국역사문화명성인 광주는 양성(羊城), 수성(穗城) 또는 화성(花城)이라고도 하는데 중국 대륙의 남부에 위치한 관계로 중국의 '남대문'으로 불린다.

광주는 비교적 일찍 성을 쌓기 시작했다. 조타(趙陀)는 남월국(南越國)을 세우고 도읍을 반우성(番禺城)으로 정했으며 도시구역을 둘레 길이 10리로 확대했는데 '월성(越城)' 또는 '조타성(趙陀城)'이라고 속칭된다. 기원 210년에 교주자사(交州刺史) 보즐(步騭)이 월성 서반부를 중수하고 도시규모를 북쪽으로 대거 확장했는데 이에 대한 보호로 성을 쌓았다.

10세기 중기로부터 13세기 후기까지 성벽 확대와 보수 공사는 십여 차례 진행되었다. 1045년에 광주 지주 위관(魏瓘)이 남한궁성(南漢宮城) 구역 안에 둘레 길이가 5리인 자성(子城)(중성(中城)이라고도 함)을 쌓았고 1068년에 광주 지주 장전(張田)이 자성의 동쪽에 둘레길이가 7리인 동성(東城)을 쌓았다. 같은 해 8월에 여거간(呂居簡)과 왕정(王靖)이 벽돌을 구워 동성과 자성을 개건했고 1073년에 광주 경략사(經略使) 정사맹(程師孟)이 자성 서쪽에 둘레길이가 13리인 서성(西城)을 쌓았다. 후에는 자성, 동성과 서성을 합쳐 송대삼성(宋代三城)이라고 했다.

월수공원 명성벽유적

1380년에 영가후(永嘉侯) 주량조(朱亮祖)가 구성(舊城)이 낮음을 이유로 10세기부터 13세기 사이에 지어진 성 세 개를 모조리 합치고 성의 둘레를 밖으로 더 확장했는데 북쪽은 800여 장 늘어나면서 월수산(越秀山)에까지 이르렀다. 공사 후 성은 둘레 길이가 총 21리 32보 였고 높이는 2.8장, 윗부분의 너비는 2장, 밑부분의 너비는 3.5장이였으며 성문은 총 일곱 개 설치되었다. 1565년부터 1566년 사이에 성을 증축했는데 증축된 부분은 외성(外城) 또는 신성(新城), 원래의 광주성은 내성(內城) 또는 구성(舊城)이라고 한다.

1647년에는 총독 퉁양갑(佟養甲)이 동서로 길이가 각각 20여장인 익성(翼城)을 두 개 쌓았는데 성이 강가에까지 다달았다. 그 후 1736년부터 1861년 사이에 광주성은 여러 차례 훼손되였으나 모두 제때에 보수되였다.

1918년 이후에 광주시 정공소(政公所)에서 성벽을 철거하고 도로를 개설하면서 광주성은 대규모로 훼손되였다.

20세기 80년대 이후 문화재연구소의 조사에서 광주성은 서쪽은 월수산 서쪽 비탈에 있는 급수탑으로부터 동쪽은 소북로(小北路) 월수공원(越秀公園) 입구까지 총 1100m 구간만 잔존되여 있었다. 진해루(鎮海樓) 부근 200m 구간 성벽은 보수를 거쳐 보존상태가 좋은고로 현재 외부에 전시되고 있다.

1989년에 광주성 잔존 구간 유적은 성급보호문화재로 지정되였다.

보수 후 광주 월수공원 부근의 성꼭대기

20세기 초 광주 성벽과 해자

청나라 말 광주 성벽과 수문

광주성 북문

사진으로 보는 중국 고대 성벽

광주성벽 성돌과 전문 일부

청나라 말 광주성벽의 대서문

조경 성벽 肇庆城

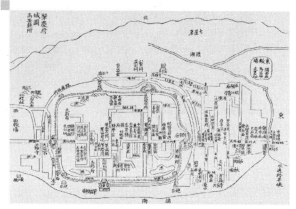

조경 부성도(府城圖)

　광동성 주강삼각주 지역에 있는 조경은 광동성 서부의 교통요충지로 1994년에 중국역사문화명성으로 지정되었다.

　기원 1053년에 농지고(儂智高)의 반란을 막기 위해 조경은 처음으로 토성을 쌓았다. 1113년에 군수 정돈의(鄭敦義)가 벽돌로 토성을 확대하여 수축했는데 둘레 길이는 871장이였고 두께는 한 장, 높이는 2장이였으며 성문 네 개에는 모두 성루를 쌓고 성문 밖에는 반달형의 자성을 쌓았다.

　1368년에 황본초(黃本初)가 강서 행성(行省) 낭중(郎中) 부사(府事)로 재임되면서 성을 중축했고 천호 곽순(郭純)이 성 남쪽이 강 가까이에 있어 수해가 걱정되어 2장 높이로 돌담을 쌓아 성벽과 함께 수해에 대처할 수 있도록 했다. 1475년에 지부 이수(李璲)가 한 장 두께로 전성을 70여 장 중축했으며 1528년에는 병비첨사(兵備僉事) 이향(李香)과 지부 정장(鄭璋)이 천루(串樓)를 철거하고 치첩을 수리했다. 1607년에 지부 진염(陳濂)이 부(府) 소재지의 용맥이 서쪽에서 온다 생각하여 요새를 쌓고 북쪽 해자를 두 갈래로 파도록 명했다. 마침 성 북쪽에 감군도(監軍道)가 있어 왼쪽 도랑은 세월이 흐르면서 막혀 버렸다.

조경 고성벽 타구와 마면

1647년에 이르러 총진(總鎮) 나성요(羅成耀)가 둘레 길이가 972장이고 폭 1.5장, 깊이 한 장 되는 해자를 준설했는데 1667년에 조경성 동북쪽과 피운루(披雲樓)가 무너지면서 지부 양만춘(楊萬春)에 이어 민자기(閔子奇)가 복원공사를 했고 1668년에 지부 주유덕(周有德)이 성호를 준설했다.

1915년에 홍수가 나면서 담이 파괴되었는데 이듬해에 조나(肇羅) 진수사(鎭守使) 이요한(李耀漢)이 동문 밖의 해자를 소통하고 정비했다. 1924년에는 남쪽 성벽과 북쪽 성벽의 치첩을 헐어 경복위(景福圍)와 같거나 조금 높은 정도로 쌓았으며 동문루와 월성은 철거하고 경운문(慶雲門)은 막아 버렸다.

1987년부터 1996년 사이에 조경시 정부에서는 여러 차례 자금을 내려 북쪽 구간 성벽에 대한 긴급수리를 진행했다. 문화재연구소의 조사에서 조경성 잔존 성벽은 둘레 길이가 2801.2m로 확인되었는데 문화재보호부문의 노력으로 '조천문(朝天門)'과 돈대, 치첩이 복원되고 피운루가 중건되었으며 치첩은 원래의 모양대로 쌓음으로써 조경 고성벽이 다시금 재현될 수 있었다.

1984년 11월에 조경성 유적은 시급보호문화재로 지정되었고 2001년에는 조경 고성벽이 전국중점보호문화재로 지정되었다.

조경 고성벽의 조천문(朝天門)

조경 고성벽의 서북면

조경고성벽 중 동쪽
성벽의 북면(동쪽에서
서쪽으로 촬영)

조경고성벽 서북모퉁이(서쪽에서 동쪽으로 촬영)

조경고성벽

전국중점보호문화재로
지정된 조경고성벽 문화재
보호표지비

조경고성벽 중 서북
쪽 성벽의
피운루(披雲樓)

소주 성벽 ^{潮州城}

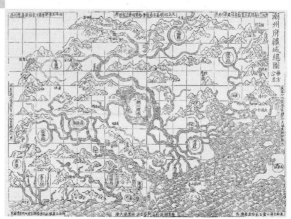

조주부 강역도

광동성 동부, 한강(韓江) 중하류에 있는 조주는 예로부터 '연해문화가 발달한 지역', '양광(兩廣)지역의 유명한 도시국가'라고 불리는 중국역사문화명성이다.

조주는 비교적 일찍 성을 수축하기 시작했으나 기원 960년 이전의 상황은 확실한 고증이 없다. 960년 이후의 조주성은 성 골격과 건축 연대로부터 자성(子城), 외성(外城), 제성(堤城)과 봉성(鳳城)으로 나눌 수 있다.

자성

1055년에 정신(鄭伸)이 주성(州城) 토성을 쌓았는데 '자성'이라고도 한다.

외성

외성은 외곽이라고도 하는데 건축연대는 알려져 있지 않으며 1228년부터 1233년 사이에 지군주사(知軍州事) 왕원응(王元應), 허응룡(許應龍), 엽관(葉觀)이 선후로 남쪽, 서쪽, 북쪽 성벽을 복원했는데 전체 길이는 951장이였으며 벽체 내부는 흙을 달구질하고 외부는 돌을 쌓았다.

제성

1297년부터 1307년 사이에 군수 태중첩(太中帖)이 동쪽 성벽 빈계(濱溪)일대를

조주 광제문(廣濟門)

중심으로 성을 개수했는데 후인들은 이를 '제성'이라고 한다.

봉성

봉성(鳳城)은 1370년에 지휘 유량보(俞良辅)가 돌을 쌓아 서남쪽 성벽을 확대하여 수축한 것인데 둘레길이는 1763장이였고 높이는 2.5장이였으며 성문은 일곱 개였다.

1731년에 지부 호순(胡恂)이 성벽을 대규모로 보수한 뒤 19세기 말 20세기 초에 이르기까지 조주성은 자주 훼손되었지만 지방 관리들의 책임하에 보수도 자주 진행되었다.

1931년에 조주성 광제문(广济门)을 대규모로 개수하는 과정에 부분적인 목제틀을 철근 콘크리트로 바꾸었다.

20세기 50년대 후 도시 건설과 도로 개조로 조주성의 남, 서, 북쪽 성벽은 연이어 철거되었으나 한강 가까이에 있는 동쪽 성벽은 홍수 방지 기능으로 철거되지 않았다.

20세기 80년대 후에 보존상태가 비교적 좋은 동쪽 성벽은 북쪽 금산(金山)남쪽으로부터 남문에 이르는 2132m길이의 구간이였으며 성문은 상수문(上水门), 죽목문(竹木门), 광제문(广济门), 하수문(下水门) 등 네 개만 보존되어 있었다. 그 중에서 광제문 성루는 2004년에 대규모의 개수를 진행했다.

1989년에 조주성 광제문은 성급보호문화재로 지정되었다.

혜주 성벽 惠州城

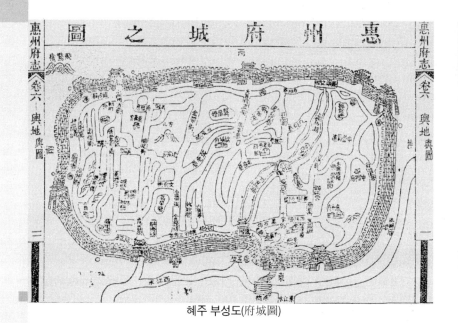

혜주 부성도(府城圖)

혜주는 광동성 동남부, 주강삼각주 동북단에 위치해 있는데 남쪽은 남해(南海) 대아만(大亞灣)을 사이두고 심천, 홍콩과 이웃하고 있다.

혜주에서 일찍 언제 성을 쌓았는지는 현재 고증할 수 없으며 이로 하여 각 지방 지에서는 13세기 이전의 성벽 전부를 '고성(故城)'이라 부르고 있다.

기원 1389년에 지부 진계(陳繼)가 성벽을 확대하여 수축했는데 둘레 길이는 1255 장이였고 높이는 1.8장, 성가퀴는 1840개였으며 성문 일곱 개에는 모두 성루를 쌓았 다. 1538년에 구풍으로 일부 성루와 성가퀴가 훼손되었는데 1541년에 지부 이기(李 玘)가 성벽을 중수했다. 1640년에 지부 양초맹(梁招孟)이 황제의 명을 받들고 성을 증축했는데 둘레 길이는 1326장이였으며 높이는 3척을 높여 2.2장이였고 두께도 5 척 증가되었다. 1661년에는 혜주 지방관리들이 책임지고 성을 중수했으나 1738년부 터 1743년 사이에는 지방관리들이 상급의 명으로 국고 자금을 이용하여 성을 개수 했다.

1912년 이후에 혜주는 도시 건설을 위해 성벽을 점차 철거하고 그 자리에 도로를 개설했다. (이를테면 환성동로(環城東路), 중산남로(中山南路) 남단, 수문로(水門路), 남문로(南門路)와 환성서로(環城西路) 등)

20세기 80년대 이후 문화재연구소의 조사에서 혜주성은 중산공원(中山公園)으로 부터 조경문(朝京門)에 이르는 300m 구간만 남아 있었다. 하지만 도시 건설을 위해 2005년에 이마저 일부 무리한 철거를 당했는데 혜주 유관부문에서는 이듬해에 조경문 망대와 성루를 중건하고 복원했다.

혜주시 혜성구(惠城區) 교서(橋西)거리 상미가(上米街)로부터 북문 도구소(渡口所)에 이르는 혜주부성 유적은 1990년에 시급보호문화재로 지정되었다.

평해(平海)고성

곤륜관 성벽 昆 순 关

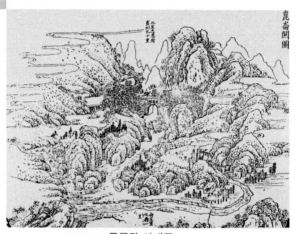

곤륜관 안내도

광서 남녕시 흥녕구 곤륜진(昆崙鎭)과 빈양(賓陽) 경계에 있는 곤륜관은. 역사적으로 치열한 큰 전쟁을 수차례 겪었으며 이로써 '곤륜이 허락하지 않으면 영남지구를 들 수 없다'는 말까지 전해지고 있다.

곤륜관의 축조 연대에 대해서는 여러 가지 설이 존재하며 현재도 명확한 결론이 없다. 하지만 늦어도 기원 25년에는 곤륜관이 이미 존재한 것으로 단정되며 관문의 구체적인 명칭은 확인할 수 없다.

816년에 서원주(西原州) 황동(黃峒)의 장족 수령 황소경(黃少卿)이 당나라를 반대하여 봉기를 일으키자 계관경략사(桂管經略史) 배행립(裵行立)이 명에 의해 이를 토벌하고 '옹관(邕管) 계수(界首) 빈주(賓州)'를 답사한 후 이 곳에 관문을 세우기로 했다.

1035년에 광남서로(廣南西道)의 요충지인 옹주(邕州)와 여기에 소속된 역참의 안전과 사용의 편리를 위해 곤륜관을 설치했으며 그 후에도 곤륜관에 대한 중수와 보수는 끊이지 않았다.

1528년에 조정에서는 양광(兩廣)총독 겸 순무 왕수인(王守仁)(별호 '양명(陽明)')

에게 군사로 당지 '팔채(八寨)' 장족 백성들의 반란을 진압하게 했다. 왕수인은 곤륜관에 군대를 주둔시키고 관성을 중수하고 관루를 새로 쌓았다.

1846년에 선화현 지현 유제청(柳際淸)이 곤륜관 순시 과정에 성이 시간이 오래 황폐해진 것을 보고 자금을 지원하여 관성을 중수하고 관루 세 칸을 중건했으며 성 남쪽 입구에서 몇 장 떨어진 곳에는 역로를 가로 질러 정자 하나를 세웠다.

1939년 12월 4일에 곤륜관 요충지가 일본군 나카무라 여단에 의해 점령되었고 12월 18일에 중일 쌍방은 계월(桂越) 국제교통선에 대한 통제권을 쟁탈하기 위해 곤륜관에서 치열한 전투를 벌였다. 10여일의 혈전을 거쳐 중국군대는 일본군 5000여 명을 점멸하고 곤륜관을 수복했는데 이는 중국 군대와 일본군의 공방전에서 처음으로 되는 큰 승리이며 역사에서는 이를 '곤륜관대첩(昆崙關大捷)'이라고 한다.

옹녕현에서는 1981년에 곤륜관에 대한 전면적인 보수를 진행하여 이듬해 9월에 공사가 마무리되었으며 1982년에 곤륜관은 현급보호문화재로 지정되었다. 1994년에 곤륜관을 포함한 '남녕시 곤륜관 전투유적지'는 광서장족자치구 구급보호문화재로 지정되었으며 2006년에는 국가중점보호문화재로 지정되었다.

우의관(友誼關)

1940년 곤륜관을 수복한 후 주둔하며 지키는 중국 군대

1940년 곤륜관을 수복한 후 성루에서 환호하는 중국 군대

1940년 광서 곤륜관대첩 후 요충지에서 환호하는 중국군대

1940년 곤륜관을 넘는 중국군대

남녕 성벽 南宁城

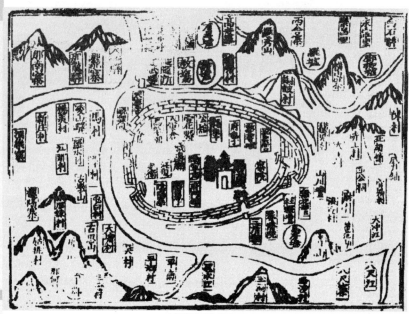

남녕성 안내도

광서장족자치구 중부 편서남쪽에 위치한 남녕은 중국의 녹색도시 또는 옹성(邕城), 봉황성(鳳凰城), 오상성(五象城)이라고도 하며 역사가 유구한 변경 고성이다.

남녕은 기원 1049년부터 1054년 사이에 장족 수령 농지고(侬智高1025~1055)가 송나라를 반대하는 봉기를 일으켜 조정에서 봉기군을 진압하는 과정에 성을 수축했으며 1083년에 지방관리들이 성을 보수했다.

1537년에 병비첨사 우열(鄔閱)은 남녕부와 당지 주둔군 위소에서 공동으로 성루 수즙을 책임지고 각 성문 위에 순경포(巡警鋪)를 짓도록 명을 내렸다. 1620년에 안찰부사(按察副使) 호정연(胡廷宴), 지부 임몽기(林夢琦), 부승(府丞) 장승고(張繩臯), 선화현령(宣化縣令) 진기기(陳奇器) 등 관리들이 성지 중수를 시작해 1621년에 완공되었으며 1636년에 지부 오소지(吳紹志)가 성을 개수하면서 높이를 3척 더 높혔다.

남녕 성벽은 17세기 중후기에 많은 곳이 훼손되었는데 17세기 60년대 이후에야 깊은 중시를 받게 되었다. 수재로 성벽 서쪽 구간은 자주 무너졌고 이에 따른 수즙 공사도 끊이지 않았으며 19세기 60년대 초에 역임 지방관리들이 끊임없이 성을 보수해서 총 길이는 11.16리가 되었지만 20세기 초에 이르러서는 적루도 무너져 없어지고 말았다.

　　남녕성은 1916년에 서북구간의 부분적인 성벽을 헐면서 서서히 붕괴되기 시작했는데 여기에 전란과 도시 건설 (특히 1956년에 이르기까지)이 더해지면서 고성벽 대부분이 철거되었다.

　　20세기 80년대 이후 남녕성 잔존성벽에 대한 당지 문화재기관의 조사에서 위치는 옹강(邕江) 제1대교 북쪽 끝의 동쪽, 길이는 45m로 확인되었다. 정부에서는 2005년에 남녕성 잔존성벽을 보수하고 부분적인 벽체를 복원했다. 수즙을 거친 후 총 길이는 112m였으며 높이는 약 12m였다.

　　2007년에 남녕고성벽은 남녕시 시급보호문화재로 지정되었다.

서로 다른 시기에 여러 차례 보수를 거친 남녕성

유주 성벽 柳州城

류주성 안내도

광서장족자치구 중북부에 있는 류주는 옛날에 '용성(龍城)'으로 불렸으며 강 세 갈래가 도시 네 면을 감돌아 흐르고 성지를 안은 모습이 마치 주전자 같아서 '호성(壺城)'이란 별칭을 얻게 되었다. 1994년에 류주는 국가역사문화명성으로 지정되었다.

치소 이전, 문헌 누락 등 원인으로 류주에서 일찍 언제 성을 쌓았는지는 고증할 길 없지만 기원 7세기부터 13세기 사이에 이미 토성이 축조되어 있었으며 기원 1086년부터 1094년 사이에 류주 지주 필군경(畢君卿)이 강북 쪽의 류주성을 재축했다.

1371년에 마평(馬平) 현승(縣丞) 당숙달(唐叔達)이 토성을 쌓기 시작했고 1379년에 지휘 소전

류주성 위의 문자비

류주성 동문

류주성 타구

옛 류주성

(蘇奎) 등이 벽돌로 성을 개수하고 증축했다. 성의 동서길이는 3리, 남북 너비는 2리였으며 둘레 길이는 748장, 높이는 1.8장, 너비는 2.6장이었고 성문은 다섯 개였으며 성밖으로는 해자가 감돌아 흘렀다.

1666년에 수도(守道) 대기(戴璣), 지부 유영청(刘永清), 지현 염흥방(閻興邦)이 내성을 보수하고 1714년에 류주성 서남쪽 모퉁이가 홍수로 무너져 돌로 증축했다. 1789년에 마평현 지현 전정침(錢廷琛)과 부에 소속된 각 주와 현들에서 성지를 중수했는데 둘레 길이는 7.5리였고 내성 성문 다섯 개와 외성 성문 세 개도 모두 중건하거나 보수했다. 그 후19세기말부터 20세기 초까지 류주성은 자연재해 또는 전쟁으로 여러 차례 훼손되었지만 지방관리들의 관심으로 즉시적인 보수가 가능했다.

1912년 후에 류주성은 전쟁 또는 도시 건설 등으로 정도 부동한 파괴를 당했으며 심지어 인위적인 대규모의 철거를 당했다.

20세기 80년대 이후 문화재기관의 조사에서 옛 류주성은 동문과 부근의 성벽 한 구간이 잔존한 것으로 나타났고 1999년에는 또 서광중로(曙光中路)와 류강로(柳江路) 북쪽 골목에서 100여m되는 14세기로부터 17세기의 잔존 성벽 구간을 발견했다. 1994년에 류주성 동문 성루가 성급보호문화재로 지정되었고 2004년에는 류주 고성벽 유적이 시급보호문화재로 지정되었다.

광서성

석두 성벽 石头城

석두성 유적

석두성은 광서장족자치구 양삭현(陽朔縣) 포도진(葡萄鎭) 양매령촌(楊梅嶺村) 대충(大沖)의 약 100묘(畝) 되는 산간지역에 있다.

석두성에 관해서는 문헌에 기재된 내용도 없고 역사적 자료도 극히 적으며 또 산봉우리가 많고 험준한 산간벽지란 지리적 특성으로 교통이 불편해 아는 사람도 별로 없다. 2004년에 이르러 문화재 고고학 전문가들은 검증을 거쳐 석두성이 500년의 역사를 가지고 있는 고대 석성임을 밝혔다.

석두성이라 함은 주변에 우뚝우뚝 연이어 솟은 수십 개의 산봉우리들을 천연 병풍으로 하고 산봉우리 사이의 낮고 평평한 곳에는 돌로 성문이나 성벽을 쌓아 자연과 인간의 힘으로 구성된 성벽을 말한다. 현지인들의 말에 의하면 성문은 아치형 구조로 되어 있고 돌로 쌓았는데 동, 서, 남, 북으로 총 네 개를 냈다. 그리고 성벽은 가늘고 긴 돌이나 가공한 석재를 사용하여 성문으로부터 양쪽 산봉우리 가장 가파른 곳까지 쌓았다. 이외에도 성문이 없는 산간 평지에는 돌로 성벽을 쌓아 성벽을 서로 연결시켰는데 석두성에는 이런 곳이 약 20곳이나 된다. 잔존 성문 중 북문 밖의 산길은 비교적 평탄했고 서문 밖의 산길은 가장 가파랐으며 규모가 가장 큰 것

석두성 성문과 성을 오르는 산길

은 동문이였는데 아치형 문의 높이는 3.28m, 너비는 2.92m, 종심은 4.62m나 되었다. 그리고 남문은 내공과 외공 두 층으로 되어 있었는데 중간 꼭대기에는 문고리와 빗장 구멍도 있었다. 외공은 높이가 2.75m, 너비가 2.6m였고 내공은 높이가 2.6m, 너비가 2.8m였으며 내공과 외공 아치형문의 종심은 3.4m였다. 석두성은 네모반듯한 돌로 쌓았기 때문에 표면이 반듯하고 견고했으며 높이는 4m되었다. 서문의 아치형 돌문은 밖은 아치형으로, 안은 상인방돌식으로 구조가 비교적 특수했는데 그 중의 한 석판은 길이가 4.4m, 너비가 1.1m, 두께가 0.38m였고 무게는 1t을 넘었다.

사람들은 석두성을 1368년부터 1644년 사이의 건축으로 보고 있으며 축조 방법과 성문의 설계는 대체로 계림왕성과 비슷하지만 계림왕성

석두성 성문 외측

만큼 규범화되지는 않았다. 비록 산야 속에 세워진 성이고 지방 문헌에도 기재된 바가 없지만 지세가 험준하고 규모가 방대하고 건축형태가 신기한 것은 전국에서도 드물며 광서에서 비교적 완정하게 보존된 고성 중의 하나로 되어 있다.

석두성 성문 내측

숭좌 성벽 崇左城

숭좌성 안내도

오늘의 숭좌는 옛날의 숭선현(崇善縣)과 좌현(左縣)을 합친 것으로 옛날에는 '태평부(太平府)'라고 불렸다.

숭좌에서 일찍 언제 성을 쌓았는지는 명확하게 알 수 없으나 전해져 오는 말에 의하면 1053년 후에 숭선현을 설치하면서 성이 축조되었다고 하며 관련된 실증 자료는 찾아볼 수 없다.

기원 1372년에 태평부 지부 조감(趙監)이 주둔군 천호(千戶) 정량(程良)에게 주둔군이 토성을 수축하는 일을 감독하도록 했다. 성의 둘레길이는 642장이였고 높이는 2.1장이였으며 너비는 1.2장, 성문 다섯 개에는 모두 성루를 쌓았다. 1408년 7,8월에 숭선에 큰 홍수가 나면서 성벽의 많은 구간이 물에 떠밀려가 지부 임정현(林廷

顯)이 보수를 책임졌다.

　1644년 후에 태평부성은 자주 훼손되었으나 부, 현 지방관리들의 관심으로 즉시적인 보수가 가능했다. 1912년 후에 태평부성은 오랫동안 보수를 하지 않은 관계로 점차 훼손되었고 심지어 큰 구간도 인위적으로 철거했다.

　20세기 80년대 후의 문화재기관의 조사에서 옛날 태평부성은 동문, 대서문, 소서문과 1360m의 잔존구간이 확인되었는데 이는 광서에서 보존이 비교적 완정한 명나라 시기의 부치 석성으로 된다. 1992년에 태평부성은 현급보호문화재로, 2000년에는 자치구급보호문화재로 지정되었다.

숭좌성벽

오주 성벽 梧州城

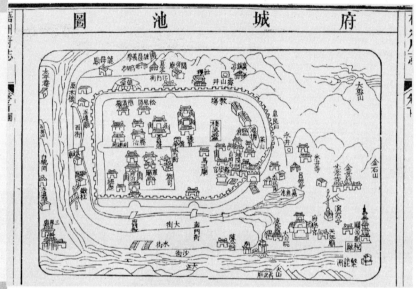

오주부 성지도(城池圖)

'물과 나무의 도시'란 아름다운 명칭을 가지고 있는 오주는 광서장족자치구 동부에 위치해 있으며 광동, 홍콩, 마카오와는 물에 의해 연결되어 있다.

최초의 오주 성 축조는 조씨 정권의 수립과 관계가 있다. 기원전 183년에 조타(趙佗)가 자신을 남월무제(南越武帝)라 칭하고 조광(趙光)을 창오왕(蒼梧王)으로 봉해 조씨 정권이 수립되었으며 오늘의 오주시에 창오왕성(기원전 206년에 성을 수축했다는 설도 있다)을 수축했다. 기원 968년에 지방관리들이 벽돌로 성을 수축했는데 둘레 길이는 2리 140보이고 높이는 1.5장이었으며 성문은 네 개 설치했다. 1055년에 지방관리들이 대규모로 성지를 중수하면서 부분적인 구간을 늘려 성문 네 개에 둘레 길이는 3리 237장이 되었다.

1379년에 지방관리들이 성벽 860장을 증축하고 성문은 다섯 개를 설치하고 성문마다 성루를 쌓았는데 1452년에 성루 위의 각루가 동란에 훼손되었다. 후에 한옹

(韓雍)이 대규모로 성벽을 개수하면서 높이를 한 장 더 높이고 성 꼭대기에는 천루와 각루 569칸을, 성 아래에는 와포 36칸을 만들어 군사들이 밤샘할 수 있도록 했다. 그 후, 역임 지방관리들이 오주성 수즙을 여러 차례 진행했으나 17세기 상반기에 이르러 오주 성벽과 성루는 모두 심하게 훼손되었다.

1659년에 창오수도(蒼梧守道) 진굉업(陳宏業), 지부 조택윤(祖澤潤)이 오주 성지를 수즙하고 1829년에 지부 원위종(袁渭鍾)이 성문 부근의 성가퀴를 수즙했는데 당시 성의 둘레 길이는 865장이었으며 성가퀴는 1050개였다. 20세기 초에 오주성은 훼손과 수즙을 반복하다가 1912년 후에는 인위적으로 철거되었다.

20세기 90년대에 옛 오주성 서문 입구 쪽(구방로와 민주로의 교차점) 도시 공사 과정에 7m길이의 성벽 한 구간이 발견되었으나 길이가 짧고 또 성벽 주변환경 등 원인을 종합 고려하여 문화재 등록에서 제외하였다.

오주 성지와 계강

정안 성벽 定安城

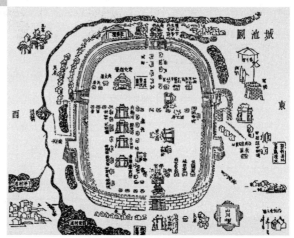

정안현 성지도(城池圖)

해남도 중부에서 동북쪽으로 치우친 곳에 있는 정안현은 중국 경극(琼劇)(경극(琼劇)은 경주극(琼州剧)' 海南戏(해남극)이라고도 불리며 중국 해남의 한족민간곡 예예술에 속한다.) 의 발원지로 되며 해남 '경극(琼劇)의 고향'으로 예로부터 민간에는 '정안(定安)이 없으면 극단도 없다'는 말이 전해지고 있다.

정안은 과거에 성지는 없고 목책만 있었다.

기원 1466년에 순무도어사(巡撫都御史) 한옹(韓甕)이 성지 수축에 관해 꼼꼼한 조사를 거친 후 성을 쌓기 시작했으며 1513년에 지부(知府) 사정서(謝廷瑞)와 지현(知县) 나창(羅昌)이 돌로 성을 쌓았는데 둘레 길이는 593장, 높이는 1장 4척, 두께는 1장 6척이었고 치첩(雉堞)은 1192개를 설치했다. 성문은 동, 서, 남쪽으로 세 개 설치하고 모두 성루를 쌓았으며 동, 서, 남쪽에 준설된 성호(城濠)는 길이가 360여 장이였고 깊이가 1장이였으며 폭은 1장 5척이였다. 1545년에 부사(副使) 호영성(胡永成)의 명으로 지현 서희주(徐希朱)가 북쪽에도 성문을 설치했으나 외환과 내란을 겪으며 성문은 여러 차례 봉쇄되었다.

1690년에 지현 동흥조(董興祚)가 북쪽 성문을 다시 개방하고 성루를 쌓았으며

1805년에 지현 이인준(李仁峻)이 서, 북 성문과 성벽을 보수했다. 1861년에 큰 비로 서쪽 성벽 10여 장이 무너져 지현 장국화(張國華)가 성지와 누각을 대규모로 보수했고 1877년에는 서지현(署知縣) 오응염(吳應廉)이 성호를 준설하고 도랑을 치고 도처에 무너진 치첩을 보수했다. 1889년에 지현 황찬훈(黃贊勛)이 서북 모퉁이 담을 대규모로 개수한 이후 지현 이가도(李家悼), 이종도(李宗道), 왕수민(王壽民)도 성을 중수했으며 성벽 개수는 그 후에도 여러 차례 진행되었다.

1949년 이후 정안현은 도시를 확장해 건설하면서 정안 고성 3분지 2를 철거하게 되었다. 현재 정안 고성은 서문과 북문만 남아 있는데 서문은 높이가 2.4m이고 너비는2.95m, 깊이는 9m 이며 위에는 '서문(西門)'이란 편액이 걸려있고 성루도 그대로 보존되어 있다. 북문은 높이가 3m이고 너비는 2.8m, 깊이는 25.3m이며 성루는 후에 정안현 양식국으로 개건되었다. 벽체는 서북쪽, 서남쪽 구간만 남아 있는데 길이는 1000여m이고 가늘고 긴 현무 대청석으로 축조되었다.

1986년 1월에 정안 고성 유적은 현급보호문화재로 지정되었다.

정안현성 서문 남쪽에 있는 성벽

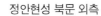

정안현성 북문 외측

정안현성 서문 외측

정안성벽 북문 상단의 아치형 구조

정안현성 서문 남쪽에 있는 성벽

정안성벽 서문 내측

해구 성벽 海口城

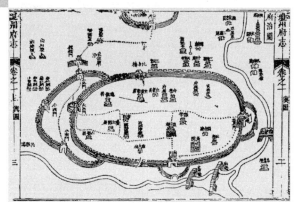

경주 부치도(府治圖)

해남도 북부에 있는 해남성 성소재지 해구시는 2007년에 국가역사문화명성으로 지정되었다.

경주부성(琼州府城) 즉 해남위성(海南衛城)은 기원전 2세기에 동담도(東潭都)에 수축되었는데 규모와 형태는 고증된 바 없으며 기원 631년에 또 토성을 쌓았으나 둘레 길이가 3리라는 것 외에는 알려진 바 없고 972년에 치소가 이곳으로 이전될 때도 성의 둘레 길이는 여전히 3리였다. 1131년부터 1162년 사이에 관수(管帥) 이악(李愕)이 외나성(外羅城)을 쌓았는데 1271년 이후까지도 계속 사용되었다.

1369년에 지휘 손안(孫安)에 이어 장용 (張容)이 흙과 돌을 쌓아 담을 600여 장 증축했는데 높이는 2.5장이였고 성문은 세 개를 설치하고 성문마다 성루를 쌓았다. 1374년에 성 북쪽을 확대해서 수축했

경산성벽 문화재 보호 표시비

초아항(草芽巷)경주(瓊州)의
잔존 고성벽

는데 성 동쪽에서 남쪽까지 길이는 344장이였고 높이는 변함 없었다. 1522년부터 1566년 사이에 지부(知府) 이신(李愼)이 돌로 자성(子城)을 쌓았으나 후에 무너져 1565년에 참의(參議) 조천우(曺天佑), 지현(知县) 증사륭(曾仕隆), 읍인(邑人) 참정(參政) 정정곡(鄭廷鵠)이 또 다시 돌로 성을 재축했는데 둘레 길이는 320장이였고 높이는 1.4장 남짓 되었으며 너비는 3분지 1을 줄였다. 1641년에 지부(知府) 장일홍(蔣一鴻)이 동문 밖에 월성(月城)을 쌓았다.

1655년에 지부(知府) 주지광(朱之光)등이 돈을 기부하여 성벽을 보수했는데 치첩(雉堞)은 한 자 높이고 두께는 5촌을 늘렸으나 후에 무너지고 말았다. 1667년에 순도(巡道) 마봉고(馬逢皐), 지부(知府) 장은빈(張恩斌), 지현 왕호인(王好仁)이 성을 수즙했으나 후에 또 무너져 1669년에 지부 우천숙(牛天宿), 지현 김광방(金光房)이 재수즙을 했다. 그 후에도 성은 구풍의 습격을 자주 받으면서 훼손과 보수도 끊임없이 진행되었다.

1983년에 대부분의 해구성이 철거되면서 동성문(東城門), 서성문(西城門)과 성벽 110m 구간만 남게 되었는데 성벽은 돌과 벽돌로 쌓아졌으며 너비는 5.2-5.9m, 잔존 높이는 1.2-2m 였고 동문 밖의 해자는 폭이 25-30m, 깊이가 2m 였다.

1986년에 해구성(부성府城) 고성벽은 시급보호문화재로 지정되었다.

보수를 마친 송나라 경
주 잔존 성벽

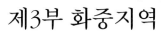

제3부 화중지역

무한 성벽 武汉城

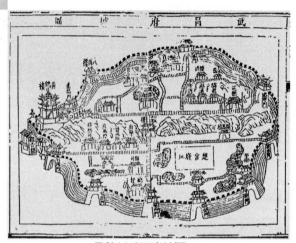

무창 부성도(府城圖)

강한평원(江漢平原) 동부에 있는 무한은 '한(漢)'이라 약칭되는데 옛날에는 '강성 (江城)'으로 불렸고 현재 국가역사문화명성이다.

무한은 일찍 기원 238년부터 251년 사이에 축성을 시작했다. 오주(吳主) 손권(孫權)은 황고산(黃鵠山) 동북쪽에 둘레 길이가 2-3리인 토석성을 쌓고 '하구성(夏口城)'이라 했다. 454년에 효무제(孝武帝)가 하구(夏口)에 영주(郢州)를 설치하면서 하구성을 기초로 담을 수줍하고 확장했는데 이것이 옛 영주성이며 영성(郢城)이라고 한다. 825년에 우승유(牛僧孺)가 무창군절도사로 있을 때 토담을 벽돌로 쌓고 시가지를 북, 동, 남, 세 면으로 확장했다.

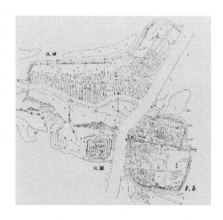

1371년에 강하후(江夏侯) 주덕흥(周德興)이 무창부성을 확장하고 중축해서 둘레 길이는 17리 남짓되었고 총 3098장

이였으며 동남쪽 높이는 2.1장, 서북쪽 높이는 3.9장이었고 성문은 아홉 개를 설치했다. 해자의 둘레 길이는 3343장이었고 깊이는 1.9장이었으며 너비는 2.6장이었다.

1535년에는 어사(御史) 고린(顧璘)이 성을 중수하고 나서 1644년부터 1661년 사이에는 총독 조택원(祖澤遠)이 성을 중축했으며 1685년에는 독무(督撫)가 속리들을 이끌고 성을 중수했다. 이외에도 성 중수는 여러 차례 있었다. 1871년부터 1908년 사이에 호광총독(湖廣總督) 장지동(張之洞)이 중화문(中和門)과 빈양문(賓陽門) 사이에 문 하나를 더 설치하고 통상문(通湘門)이라 했는데 역을 성문 밖에 설치해서 호남과 서로 연결되게 했다. 통상문 옛 터는 오늘의 자양로(紫陽路) 동쪽 끝, 무창(武昌)역 가까이에 있다.

1912년 이후에는 1911년의 무창봉기 승리를 기념해 '중화문(中和門)'을 '기의문(起義門)'으로 바꾸었다. 1927년 후에 무한성은 도시 개조와 함께 점차 철거되었고 성벽 부분적인 구간은 도로로 탈바꿈했다.

1981년에는 신해혁명 중의 무창봉기를 기념해 옛 터에 기의문을 중건하고 옛날의 규모와 골격을 살려 성루를 중수했다. 성루는 높이가 11.3m이고 천두 겹처마지붕인 혈산정 모양의 2층 구조로 되어 있으며 처마 밑에는 주홍빛 낭주 30개를 둘러 박았다. 기의문은 1956년에 성급보호문화재로, 2013년에는 전국중점보호문화재로 지정되었다.

신축된 기의문(起義門), 옛날에는 중화문(中華門)으로 불렸다.

전국중점보호문화재로 지
정된 무한 기의문(起義門)
문화재 보호 표지비

무창 서쪽구간의 성벽 옛모습

무창 성벽 꼭대기의 옛
모습

무창 동문과 성벽 안팎의
옛모습

신축된 기의문(起義門) 성루

무창 서쪽구간의 성벽
옛모습

수주 성벽 隨州城

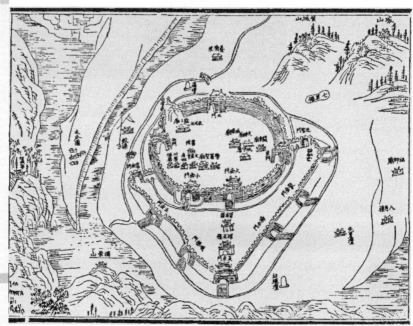

수주 성지도(城池圖)

호북성 북부에 있는 수주(隨州)는 호북과 하남의 교통요충지이며 한강(漢江)과 양강(襄江) 길목에 있는 '호북 북부의 명주'로 중국역사문화명성이다.

수주는 일찍 기원 13세기 초에 축성을 시작했고 지주 오유승(吳柔勝)이 토성을 쌓았는데 성의 규모나 골격은 고증할 수 없다. 토성은 기원 1271년부터 1368년 사이까지 줄곧 사용되면서 외성으로 불렸다.

1369년에 수어(守御) 진무(鎭撫) 이부(李富)가 토성 남쪽에 처음으로 전성을 쌓았는데 이것이 바로 내성이다. 내성은 둘레길이가 625장이었고 총 3리 175보였으며 높이는 2.5장이었고 남, 북, 서쪽으로 성문을 세 개 설치하고 성문마다 성루를 쌓았다. 1465년부터 1487년 사이에는 해자를 팠는데 길이는 700.5장이었고 깊이는 한 장이었다.

1479년에 판관(判官) 손익(孫益)이 서북 성호를 준설하면서 제방 57장을 쌓고 다리도 놓았다. 1558년에 내성과 외성이 무너져 지주 손예(孫銳)가 돌을 쌓아 성을 개수했는데 성곽 밖에는 둘레 길이가 10리, 높이가 한 장 정도 되는 전성을 쌓고 성루 여섯 개를 복건해서 홍수와 도둑을 방지했다. 1641년에 병란으로 성이 무너져 이듬해에 지주 성세재(盛世才), 연총(練總) 장국위(張國威)가 명을 받들어 수주성을 다시 개수했는데 성문 다섯 개에는 모두 성루를 쌓았다.

1727년에 지주 비영횡(費永鉉)이 성을 중수하고 성호를 준설했으며 1845년에는 지주 양운(梁芸)이 기부금을 모아 성을 중수했는데 둘레 길이는 632장으로 총 3리 240보였다. 성 지하부분의 기초는 너비가 1.2장이고 깊이는 7-8척이였으며 지상부분의 기초는 너비가 8척이였다.

1912년 이후에 수주성은 보존상태가 비교적 완정했으나 1938년에 이르러 중국 침략 일본군이 무한을 침입하고 비행기로 현성을 수차례 폭격하면서 도로와 성벽 전체가 거의 폐허로 되었다.

20세기 80년대 이후 당지 문화재연구소의 조사에서 수주성은 길이가 약 80여m 되는 흙벽돌만 확인되었는데 구체적인 위치는 오늘의 열산대도(烈山大道)와 한동로(漢東路)가 교차하는 남관구(南關口)이며 서쪽 해자와 아주 가까이 있다.

2003년에 수주성 유적은 시(현)급보호문화재로 지정되었다.

수주 서성벽과 해자

수주성 서쪽성벽 쪽의 해자와 새로 만든 다리 통로

수주시 문화재로 지정된 수주서성벽 문화재 보호 표지비

수주성에 '수주제자5호(隨州帝字伍号)'라고 새겨진 전문

수주성에 '수주제자5호(隨州帝字伍号)'라고 새겨진 전문

양양 성벽 襄阳城

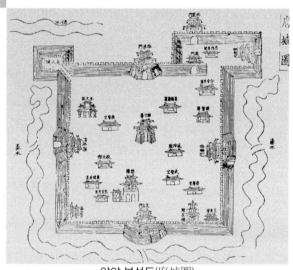

양양 부성도(府城圖)

양양(襄陽)은 원래 양번(襄樊)이라고 불렸으나 양수(襄水) 북쪽에 있는 지리적 특성으로 양양이란 지명을 얻게 되었으며 예로부터 중요한 교통요충지였다. 양양은 1986년에 중국역사문화명성으로 지정되었다.

양양은 일찍 기원 3세기 초에 성이 있었다. 기원 378년에 양주 자사 주서(朱序)의 어머니가 종들을 데리고 성 서북 모퉁이에 새로 성을 쌓았는데 사람들은 이를 '부인성(夫人城)'이라고 했다. 705년에 한양왕(漢陽王) 장간지(張柬之)가 홍수 방지를 위해 성 서쪽에 큰 제방을 쌓았는데 한수가 범람하면서 제방 여러 곳을 무너뜨려 성을 다시 중수했다.

1365년에 명나라 군대 평장(平章) 위국공(衛國公) 등유(鄧愈)가 옛 성터 동북 모퉁이를 확장하여 옛 대북문(大北門)을 동쪽으로 돌아 장문(長門) 그리고 남쪽에까지 이르는 신성을 더 쌓았는데 둘레길이는 2221.7장이었고 높이는 2.5장, 윗부분의 너비는 1.5장이였으며 밑부분의 너비는 3장이였다. 성문은 여섯 개를 설치했는데 그 중 동, 서, 남쪽 성문은 수역 중앙에 수축한 네 면이 모두 물로 둘러 싸인 자성(子

城)을 향하게 내서 가운데 '중(中)' 자형을 이루었다.

1457년부터 1464년 사이에 순도(巡道) 왕패(王佩)가 큰 제방을 중수했는데 1516년에 한수가 크게 범람하면서 성 30여장을 무너뜨려 순도 섭현(聶賢)이 연봉을 기부해 성을 보수했다. 섭현은 홍수를 방지하기 위해 제방 위에 작은 둑을 덧쌓았는데 사람들은 이를 '섭공제(聶公堤)'라고 했다. 그 후에도 한수는 여러 차례 범람하면서 성이 자주 훼손되었고 보수도 끊임없이 진행되었다.

1645년에 도어사(都御史) 서기원(徐起元)이 동지(同知) 가약우(賈若愚)에게 격문을 써서 벽돌로 적을 방어하는 포대 29개를 쌓을 것을 요구했으며 18세기 20년대에는 수도(守道) 조지균(趙之均), 지부 윤회일(尹會一)이 선후로 노룡제(老龍堤)를 중수했다. 1933년에 대북문 성루가 구풍에 무너졌고 1939년에는 중국 침략 일본군의 양양 폭격에 대비하여 주민들의 소산을 위해 서문 남쪽과 남문 서쪽의 성벽, 그리고 서문, 남문 월성과 성루를 모두 철거해 버렸다. 1940년에 양양성은 중국 침략 일본군에 의해 불에 타면서 극심한 파괴를 받았다. 1958년에 와서 동부도로를 확장하여 건설하면서 동성문을 철거했고 그 뒤 성벽도 점차 철거해 버렸다. 1978년부터 시정부와 해당부문에서 성벽 보호조치를 취하고 성벽 보수 자금을 지원하면서 양양성은 1982년부터 해마다 보수를 진행했다.

2001년에 양양성은 전국중점보호문화재로 지정되었으며 2012년에는 '중국 명청성벽'세계문화유산 연합신청에 가입되었다.

양양 성벽 벽체

양양성 성꼭대기와
성루

양번(襄樊) 북문

임한문

양양성 꼭대기의 보도

벽돌에 전문이 새겨진
양양성벽

형주 성벽 荊州城

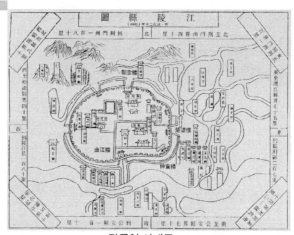

강릉현 안내도

강한평원 중심, 호북성 중남부에 있는 형주는 옛날에 '강릉(江陵)'이라고 불렸으며 고대에는 구주(九州)중의 하나였고 현재는 국가역사문화명성이다.

기원전 476년부터 기원전 221년 사이에 형주 경내에는 초나라 도읍 영(郢)이 있었

외옹성에서 본 주성문으로 되는 인보문(寅寶門)

고 이미 성곽이 있었으나 건치나 규모는 고증할 수 없다. 많은 학자들은 촉나라 관우(關羽)가 이른 시기의 형주성을 최종으로 완공했다고 보고 있다. 기원 345년에 항온(桓溫)이 성루를 대거 축조하고 549년의 후경지란(侯景之亂) 에는 목책성을 만들고 성문을 열 두개 설치했는데 건강(建康) (중국 남경의 이전 명칭.) 의 열 두 성문과 모양이 똑같았다.

912년에 남평왕(南平王) 고계흥(高季興)이 성벽을 대거 중수하고 921년에 도지휘사(都指揮使) 이가복(倪可福)이 고계흥의 명으로 외곽을 수축했으며 927년에 또 내성을 쌓았는데 '자성'이라고 했다. 960년부터 1279년

전문을 보호하기 위한
마도의 특별 조치

사이에 형주성은 치첩이 무너지고 성호가 대부분 막혀 버렸는데 1185년 9-10월 사이에 안무사(安撫使) 조웅(趙雄)이 전성으로 개수했으며 성의 둘레 길이는 21리였다.

1364년에 주원장의 참지정사(參知政事) 양경(楊景)이 옛 성터를 기초로 성을 중수했는데 둘레 길이는 18리 381보로 총 3399장이었고 높이는 2.65장이었다. 1530년에 형주성을 중수했는데 규모는 그대로였으나 성문은 여섯 개였고 위에는 모두 성루를 쌓았다. 1643년에 장헌충이 강릉을 함락하고 대부분의 성벽을 헐어버렸다.

1646년에 형남도대(荊南道台) 이서봉(李栖鳳), 진수총병(鎭守總兵) 정사유(鄭四維)가 14세기로부터 17세기의 옛 성터를 기초로 성을 중건한 후 1683년에는 성 중앙에 담을 쌓아 성을 동, 서로 갈라 놓았다. 그 후에도 형주성은 여러 차례 중수되었다.

1970년에는 동쪽 성벽에 통로를 내서 차가 지나다닐 수 있게 했고 1984년부터 1985년 사이에는 성벽을 1800m 보수하여 성을 다시 하나로 이어지게 했다. 1978년부터 현재까지 형주성은 총 32차례 보수되었는데 규모가 비교적 큰 것은 13차례이다.

오늘의 형주성은 전성, 토성, 해자로 이루어져 있는데 그 중 전성은 둘레길이가 11.28km이고 성문 여섯 개와 성대에는 부동한 정도의 풍화와 자연적인 훼손이 있지만 현재 보수가 완공되었고 보존상태도 우수하다.

1996년에 형주성은 전국중점보호문화재로 지정되었다.

신축된 형주성 성문

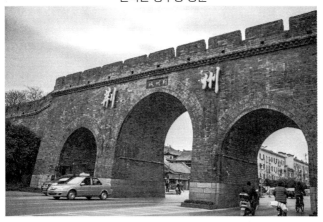

성꼭대기 보도와 성내의 보호둑
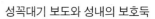

성문과 외옹성

형주 성벽 보
도와 타구
그리고 여장

형주성 성벽에 박은 문화재 보호 표지비

성벽 타구

황강 성벽 黄岡城

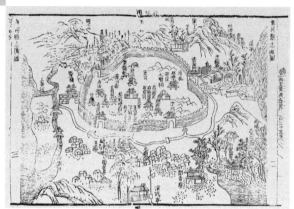

황강(黃岡) 현성도(縣城圖)

호북성 동부 대별산(大別山) 남쪽 자락, 장강 중류 북안에 위치한 황강(黃岡)은 호북성에서 문화재가 가장 많은 도시 중의 하나이다.

기원 998년에 지주(知州) 왕우(王禹)가 황제에게 글을 올려 성벽을 수축할 것을 요구했으며 1066년에 주문(州門)을 중건했다.

1368년에 지휘 황영규(黃榮揆)가 지세를 측정한 후 황주성지를 북쪽으로 확장했는데 낡은 토성은 폐기하고 돌과 벽돌로 성을 쌓았다. 1384년에 지휘 조봉(曹奉)의 성 개수에 이어 1408년에도 지휘 곽현(郭顯)이 성을 개수했는데 둘레길이는 9리 정도로 총 1802.85장이였고 높이는 2.1장이였으며 성문은 네 개 설치되었다. 성벽이 산을 따라 수축되었기 때문에 두께는 측정할 수 없다. 1635년에 지현 이희항(李希沆)이 성을 중수하고 성호를 준설했으며 1637년에 지현 서조원(徐調元)이 성벽 6000여장을 개수했다. 1643년에 장헌충(張獻忠) 부대가 성지를 함락하고 성을 헐어 버렸는데 가을이 지난 후에 지부 주대계(周大啓)가 성을 보수하면서 둘레길이는 그대로 두고 높이는 5척 낮추었다.

1645년에 지현 왕사형(汪士衡)이 성을 중수했고 1647년에는 지부 우전(牛銓)이 초

황강 경내의주성도(邾城圖)

루(譙楼)를 지었으며 1672년에는 지현 동원준(董元俊)이 치첩, 술루, 경포 등을 중수하여 14세기 이래의 성벽 옛 골격이 재현되었다. 1815년에 벽체가 팽창하면서 갈라져 지부 오지양(吳之勷)이 성을 중수했는데 보수한 부분이 바깥쪽 벽은 68개 구간으로 총 661.5장이였고 안쪽 벽은 14개 구간으로 총 178.5장이였다. 1851년부터 1861년 사이에 태평천국 군대가 성을 공략하면서 성벽은 점차 무너졌고 전쟁이 끝난 후 지부 주병감(周炳鑑), 지현 설원계(薛元啓)가 성을 중수했다.

1946년에 현장(縣長) 주회빙(朱懷氷)의 명으로 성을 철거하고 벽돌을 학교 건축에 사용하면서 황강고성도 점차 철거되었다.

20세기 80년대 이후 당지 문화재 연구소의 조사에서 고성 유적은 주로 승리남촌(勝利南村) 서배후(西背後) 구간에 집중되어 있었는데 황주구(黃州區) 구청 정원 서북쪽으로부터 한천문구(漢川門區) 인민무장부 서쪽 구간은 보수를 거쳐 보존상태가 비교적 좋았고 성문 네 개 중에서는 한천문(漢川門) 하나밖에 남지 않았다.

황강성 옛성벽

황강성 한천문(漢川門)의 항공촬영 사진

호북성 중점문화재로 지정된 기주성
(蘄州城) 북문의 문화재 보호 표지비

기주성(蘄州城) 북문 옹무문(雄武

호북성 중점문화재로 지정된 기주성(蘄州城) 북문인 웅무문(雄武門)의 문화재 보호표지비가 성 아래의 커다란 '이시진(李時珍)약방'광고판에 가려져 있다.

황강성 성벽 외경

황포 성벽 黃陂城

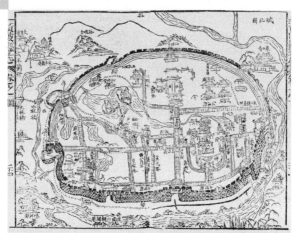

황포현성 성지 안내도

무한시 북쪽 그리고 호북성 동부에서 북쪽으로 치우친 곳에 있는 황포는 과거에 무한시 교외현이었다.

황포는 기원 3세기 초에 유표(劉表)가 토성을 쌓으면서 처음으로 성지를 수축했으나 성의 규모, 형태나 골격에 대해서는 고증할 수 없고 성은 후대로 오면서 점차 훼손되었다. 기원 1364년에 명나라 관군총제(管軍總制) 왕흥(王興)이 성을 중수하여 둘레 길이는 2760보(步) (예로부터 두 지점 사이의 거리를 나타낼 때 장년 남자의 보폭을 따서 그것의 배수치로 나타냈다. 이러한 방법은 중국에서도 쓰던 것이다. 주나라 주공 때는 1보의 길이를 주척(周尺) 8척으로 정하였고, 춘추전국시대에는 주척 6척4촌으로 바뀌었는데, 그것은 주로 제(齊)나라와 진나라를 중심으로 통용되다가 기원전 196년(진시황 26)에 다시 주척 6척으로 되었다. 그 뒤 이것은 다시 5척으로 되고, 이름은 1보라고 하여 보폭에서 생긴 거리와 같아졌다. 그러나 실질적인 거리는 보폭과는 관계가 없었다. 당나라 때는 기준 척도까지도 당대척(唐大尺)으로 바뀌고, 당대척 5척이 1보의 길이가 되었다. 이처럼 1보의 길이가 몇 차례씩 바뀐 것은, 그것이 거리의 기준으로 쓰인 것은 물론이다.) 로, 높이는 1.2장으로 되었다.

1369년에 성벽은 무너지고 토담만 남았으며 1573년에 이르러 순무도어사(巡撫都御史) 조현(趙賢), 순안어사(巡按御史) 서별(舒鰲)이 황제에게 글을 올려 벽돌로 성을 개수할 것을 제안했다. 개수 공사는 주동(州同)　(주동은 청나라 지주(知州)의 좌관(佐官)으로, 직예주(直隸州)에 속하며 동지(同知)에 해당한다.)　진문(陳汶)등이 책임지고 마무리했는데 벽체 내부는 진흙을, 외부는 돌과 벽돌을 쌓았는데 둘레 길이는 983.9장이였고 높이는 1.8장, 너비는 1.2장이였으며 성문은 여섯 개를 설치했다. 1644년에 이자성(李自成) 농민봉기군의 현성 공격으로 성루와 치첩이 거의 다 무너졌는데 1645년에 지현 장상충(張尚忠)과 양정온(楊廷蘊)이 선후로 무너진 성루와 치첩을 복건했다.

1662년부터 1722년 사이에 현령(縣令) 양정온(楊廷蘊)이 성호를 준설하고 1795년에는 지현(知县) 장증수(張曾秀)가 성을 중수했는데 둘레 길이는 5리 남짓했고 높이는 1.8장 너비는 1.2장이 되었으며 문창문(文昌門)에도 성루를 쌓았으나 후에 무너지고 말았다. 1854년에는 태평군이 현성을 공략하면서 성루 네 채가 전화에 사라졌다.

1912년 이후에는 황포성 서북쪽 모퉁이가 육속 철거되었고 1949년 이후에는 섭수하(灄水河) 가까이에 있는 동남쪽 성벽이 보존상태가 좋아 홍수방지 둑으로 사용되었을 뿐 그외에는 전부 철거되고 도로 개조와 주택 건설에 사용되었다. 1977년에 섭수하 하류 물길이 바뀌면서 동남쪽 성벽도 육속 철거되었다.

20세기 80년대 이후 당지 문화재연구소의 조사에서 황포성은 잔곤 구간 세 곳이 확인되었는데 길이는 약 100여미터였다.

황포성 남문 옆에 있는 단 한 구간의 잔존성벽

성벽 철거후, 도로 밑에 깔린 성벽 잔존 부분

무강성벽 武冈城

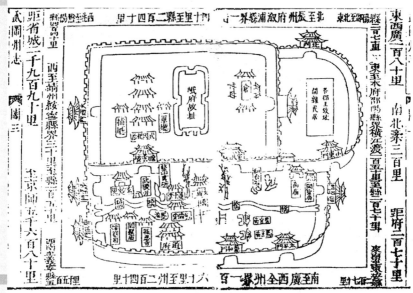

무강성 안내도

무강은 옛날에 '도량'이라 불렸는데 호남성 서남부, 소양시 서남의 다섯 개 현시의 중심에 있어 옛날부터 검주와 무주의 요지 (검주와 무주는 당나라 때 지방행정구역의 명칭이다) 였다. 무강은 2011년에 성급역사문화명도시로 지정되었다.

기원 1371년에 강음후江阴侯 오량吴良이 양청보의 난을 평정한 후 지세를 이용해 옛 성루城垒를 성벽으로 증축했는데 내화벽돌로 벽체를 쌓고 성벽 내외는 모두 석재로 수축했으며 성벽 위에도 돌을 깔아서 석성이나 다름없었다. 성의 둘레 길이는 746장, 높이는 2장, 너비는 8척이었고 성 위에는 천루 760칸, 와포 43개를 쌓았다. 그리고 성을 따라 타구를 쌓고 성문은 네 개를 설치했으며 성밖에는 해자를 팠다. 1567년에 조정에서는 보경부宝庆府 동지同知 단유학段有学, 지주 장시모蒋时谟 등에게 성벽 개수를 명했고 수개월에 걸쳐 공사가 마무리되었다. 1840년에는 묘민들의 반란을 방어하기 위해 판관 서기, 수비 괴인주가 외성 증축을 청시했다.

1736년부터 1795년 사이 북쪽 성벽의 남쪽 담(성 내의 담)이 훼손되면서 남문도 따라 허물어져 북문과 동문을 모두 막아 버렸다. 그후 역임 지방관리들의 성벽 개수와 보수가 끊이지 않았는데 14세기 후기로부터 20세기 초 무강의 끊임없는 대규모의 성벽 보수로 민간에는 '보경의 사자, 동안의 탑, 무강의 성벽 이 세가지는 모두 천하으뜸'이란 말이 유행되기까지 했다.

1912년 이후 비록 무강성벽의 부분적인 구간을 보수하고 성문도 증축했지만 그 공사는 옛날과 비교할 수 없을 만큼 질이 떨어져 많은 성벽 구간은 터밖에 남지 않았다.

20세기 80년대 이후 문화재기관은 조사를 통해 길이가 총 1450m이고 네 개(내성 두 개 구간, 외성 두 개 구간)의 구간으로 나누어져 있는 무강성벽을 확인했는데 기초돌은 지하로 0.5m 내지 2m로 박혔고 담의 높이는 6내지 6.6m였으며 네 층으로 나눠 수축되였다. 성터와 성문은 네모 반듯한 내화벽돌로 축조되였으며 모두 완정하게 보존되어 있었다. 1993년에 지방 정부는 성벽 수즙과 중건에 백만 위안을 투자했다.

2003년에 무강성벽은 시급보호문화재로 지정되였다.

호남 무강고성의 한 모퉁이

보경 성벽 宝庆城

邵陽附寶慶府城圖

보경 부성도(府城圖)

　　호남성 서남쪽에 위치해 있는 소양은 원래 소릉(昭陵), 보경(宝慶)으로 불렸으며 예로부터 북쪽으로는 운남과 귀주를, 남쪽으로는 호남을 제어하는 교통요충지로 되어왔다.

　　기원전 494년부터 기원전 468년 사이에 초나라 왕족 백공선(白公善)이 방어의 필요로 성을 쌓았는데 후세 사람들은 이를 '백공성(白公城)'이라 했다. 그 후 행정부처의 변화와 치소의 이전으로 성지도 여러 차례 흥망성쇠를 겪었고 성터도 여러 번 바뀌었다. 기원전 206년부터 기원 8년 사이에 현을 설치하면서 치소를 남쪽으로 이전하고 토성을 수축했는데 이 성은 960년 간 줄곧 사용되었으며 그 동안의 훼손과 보수기록은 문헌에 빠져 있다. 14세기 중기에 성벽과 부속 건축물들이 연이어 훼손되었다.

　　1373년에 총제 호해양과 지휘 황영이 선후로 명을 받들고 보경부성을 수축했는데 둘레 길이는 1311장이었다. 1457년부터 1464년 사이에 지휘 탕태汤泰가 대규모의 성지 확대 공사를 진행했는데 둘레 길이는 9리 13보(1529장), 높이는 2.5장이고 성문은 다섯 개, 그리고 서문과 남문 밖에 월성을 하나씩 지었으며 성의 높이는 주성主城과 동일했다.

1655년에 순무 원곽우가 도시 방위를 위해 장형長衡 등 각 부에서 민부들을 징집해 보경부성을 수건했는데 후에는 성문이 많아 방어에 불리하다는 이유로 임진문을 막아버리고 나머지 성문 네개에는 성루를 중건했다. 1861년에 지부 소수명邵綬名이 성을 수리하고 또 성에 포사 114개를 지었다.

1912년 이후 보경성벽은 점차 훼손되였으며 특히 20세기 30년대에 들어서면서 항일전쟁과 도시 건설로 육속 철거되였다.

20세기 80년대 이후 보경성은 북문, 임진문 두 개의 성문과 서우당, 서외만 구간의 성벽이 잔존되였는데 길이는 총 1000m였다. 그후 지방정부의 지지와 문화재기관의 참여로 도시건설 과정에 보경부 고성벽 잔존 부분을 보수하고 북문(풍경문)성루

와 임진문 성루를 복원했다.

2002년에 보경부 고성벽은 호남성 성급보호문화재로 지정되였다.

전국중점문화재로 지정된 보경부(寶慶府) 고성벽의 문화재 보호 표지비

돌로 쌓은 아치형 모양의 보경 성문

보경성 북쪽의 천연해자인 자강(資

용도 불명의 보경성 임진문
(臨津門) 내의 일렬의 네모
난 구멍들

보경성 북쪽의 임진문(臨津門)과 성벽

성벽 아래의 '성벽길'

보경성 북문인 풍경문(豊慶門)

봉황 성벽 凤凰城

봉황성 안내도

호남성 서북부에 있는 봉황은 지리적 위치가 뛰어나 예로부터 '서쪽으로는 운귀 (雲貴)를, 동쪽으로는 진원(辰沅)을, 북쪽으로는 천악(川鄂)을, 남쪽으로는 계변(桂 边)을 제어하는 도시'로 이름나고 있다. 봉황은 1957년부터 지금까지 상서(湘西) 토 가족(土家族) 묘족(苗族)자치주에 속해 있다.

봉황은 기원 1271년부터 1644년 사이에 오채사(五寨司) 토관(土官)에 의해 성을 수축하기 (당나라 시기 수축한 위양현성(渭陽縣城)은 포함하지 않음)시작했다. 처음 수축된 토성은 후에 끊임없는 전란의 세례로 말할 수 없이 피폐해졌고 나중에 유적 만 남게 되었다.

1556년에 마양참장(麻陽參將) 손현(孫賢)이 대규모로 전성을 수축하면서 동, 남, 서, 북으로 성문을 네 개 설치하고 성문마다 성루를 쌓았다. 그 후 성벽은 오랫동안 보수가 방치되어 1644년에 이르러 훼손이 극히 심각했는데 1644년 이후 조정에서 상서 경내의 사회적 안정을 위해 봉황의 지리적 지위를 한층 부각시키면서 봉황은 '귀주 8청을 제어하는 요지'로 거듭나게 되었다. 하여 성벽은 훼손이 생기면 제때에 보수가 이어졌고 성벽 확대 공사도 두 차례 진행되었다.

1933년에 '상서왕(湘西王)'진거진(陳渠珍) (1882~1952) 이 국민당 신편 제34사를 이끌고 봉황성에 주둔하면서 부성문(阜城門)을 철거하고 성을 남쪽으로 확대하여 수축하고 남문 '거성문(渠城門)'을 새로 쌓았다. 그 후에 봉황고성은 거의 보수를 하지 않았다.

1958년에 도시 건설의 수요로 남문, 서문 및 그에 연결된 성벽 구간을 철거하고 그 자리에 도로를 개설했다.

20세기 90년대 이후 봉황고성 관광업의 발전을 위해 성벽과 성문, 북문과 동문의 성루를 점차 복원하고 재건했는데 서문 부성문만은 옛 터에 복원되지 않았다.

1989년에 봉황현 경내의 회룡각관문, 동관문, 서관문, 동문성루와 북문성루가 현급보호문화재로 지정되었으며 2002년에 봉황고성벽과 그 경내에 포함된 '심가보유적(沈家堡遺址)'이 현급보호문화재로 지정되었다.

봉황성 문동

성꼭대기의 포석 보도

호남의 봉황고성

보수를 거친 성꼭대기와 타

긴 돌을 깔아 만든 성을 오르는 보도

성루와 보도

상담 성벽 湘潭城

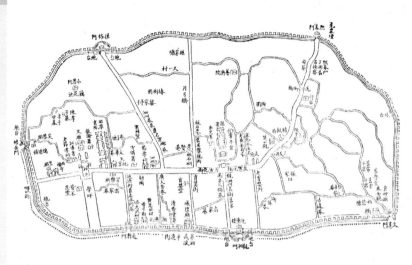

상담성 안내도

상담은 연꽃이 잘 자라기 때문에 '연성(蓮城)'이란 별칭을 가지고 있으며 또 '담성(潭城)'이라고도 한다. 상담은 호남성 중부, 상강 중류에 위치해 있으며 장사, 주주와 각각 40km 가량 떨어져 있다.

상담의 성 축조에 관해 기원 14세기 이전까지는 현재 고증된 바가 없다. 1522년부터 1571년 사이에 백성들의 반란이 끊임없이 일어났는데 순무 조현(趙賢)은 치소에 성이 없어 안전이 위협을 받는다고 생각하여1576년에 상담 지현 오중(吳仲)에게 성 축조를 명했다. 토성은 좌북향남으로 되어 뒤에는 평강(平崗)이 앞에는 상수(湘水)가 있었는데 둘레 길이는 1332장이고 높이는 1.8장, 성문 여섯 개에는 모두 성루를 쌓았다.

1573년부터 1620년 사이에 향신 왕상(王相)이 거액의 자금을 내서 돌제방을 수축한 이후 1628년부터 1644년 사이에 추관(推官) 이유룡(李猶龍)이 현사(縣事)를 책임지고 있을 때 벽돌로 훼손된 구간을 보수했는데 새로 보수한 성벽과 타구 일부는 1643년의 전화에 훼손되었다.

17세기 중후기에 지현 염안방(閻安邦), 유응태(劉應泰)가 선후로 훼손된 성벽 구간을 보수했다. 하지만 관상문(觀湘門)에서 문성문(文星門)에 이르는 성벽 구간이 강가에 있어 큰 물이 질 때마다 성이 훼손되었고 또 전란도 끊임없이 일어나 성벽은 자주 훼손되면서 그에 따른 보수도 끊임없이 진행되었다. 이런 상황은 50여 년이 지난 뒤에도 마찬가지였고 1815년부터 1817년 사이에 지현 장운오(張雲璈)가 두 차례 돈을 기부해서 성벽을 수리했다. 하지만 1850년에 홍수의 습격을 당한 이후 또 1854년에 태평군의 전화로 성벽은 심각하게 훼손되었다.

1912년 이후 항일전쟁과 도시발전으로 상담성 대부분이 육속 철거되었고 부분적인 성터에는 도로가 개설되었으며 1966년부터 1976년 사이에는 성을 헐어 벽돌을 방공동 건설에 사용하기도 했다.

20세기 80년대 이후 당지 문화재기관에서는 오늘의 상담시 하서나팔가(河西喇叭街) 길목과 대부교(大埠橋) 경계처(우호로 동단의 기초 한 구간)에서 길이 약 100m, 높이 2m이내의 성벽 한 구간을 발견했는데 어떤 벽돌에는 석각문이 남아 있었다. 2012년부터 당지 정부는 도시 건설과 함께 잔존 성벽에 대한 계획적인 보호도 꾸준히 진행해 왔다.

20세기 30년대 상담현 성벽의 옛모습

상담성 서쪽 성벽에서 보여
진 전문

우호로(雨湖路) 길터 아래의 상담성 서쪽 성벽 유적.

오늘의 우호로(雨湖路) 길터 아래에 위치한 상담성 서쪽 성벽 유적.

城头山古城址
성두산 고지 성벽

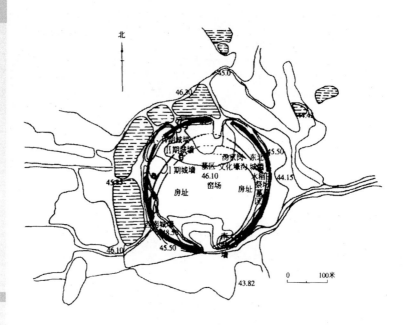

성두산 안내도

성두산은 호남성 풍현(澧縣) 차계향(車溪鄉) 남악촌(南岳村)에 있으며 현성에서 10km떨어져 있다. 이 유적은 1979년에 고고학 전문가들에 의해 발견되었는데 중국에서 가장 일찍 발견되고 보존상태가 가장 완정하며 정보량이 극히 풍부한 고성지로 된다.

성두산 고성지는 주위의 평원보다 1-2m높은 둔덕에 수축되었는데 촌민들은 '성두산(城頭山)' 혹은 '평두산(平頭山)'이라 불렀다. 호남성 고고학 연구소 소장 하개균(何介鈞) 인솔 하의 고고학 발굴팀은 1991년 10월부터 2001년까지 총 11차례 성두산 유적지에 대한 발굴을 진행하여 담, 성문 시설, 성호, 해자 등을 발굴해 냈다.

현재 성두산 고성지는 중국에서 가장 일찍 축조된 성벽으로 학계에서 인정되고 있는데 네 개 단계로 나누어 수축되었다. 가장 일찍 축조된 것은 대계문화(大溪文化) 제1기로 지금으로부터 6000년 전으로 되는데 이 시기에 이미 성벽의 규모가 초

보적으로 형성되었다. 제 2기는 대체로 대계문화 중, 말기로 지금으로부터 약 5600-
5300년 사이로 되며 제 3, 4기는 굴가령문화(屈家嶺文化) 조기 또는 중기에 해당하
는 지금으로부터 5200-4800년 사이로 된다.

　1996년에 성두산 성지를 포함한 성두산 선사시대문화 대유적은 전국중점보호문
화재로 지정되었으며 2001년에는 '20세기 중국 100대 고고학 발견'으로, 2005년에는
국가 '115' 중점 보호 대유적으로 확정되었다.

성두산 유적 항공촬영모습

산 남쪽 성벽 고고학 발굴
유적지

예현(澧縣) 성두산 해자
동남모퉁이

성두산 해자 서남모퉁이

성두산유적공원 내의 '성벽유적 절단면 전시관(城墻遺迹剖面展示馆)'앞에 세워진 조각상

성두산 성벽 남문 유적
단면

전국중점문화재로 지정된
성두산 유적 문화재 보호
표지비

장사 성벽 長沙城

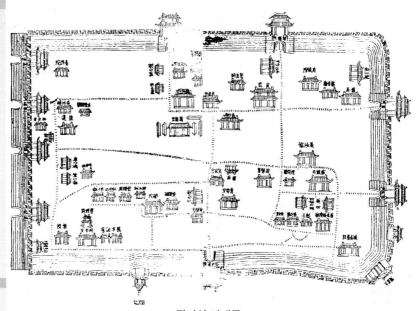

장사성 안내도

장사는 호남성 동부에 위치해 있으며 초한(楚漢)문명과 호상(湖湘)문화 발원지 중의 하나로 1982년에 중국역사문화명성으로 지정되었다.

장사는 기원전 202년에 오예(吳芮)가 장사왕으로 책봉되면서 성을 쌓기 시작했다. 오예가 쌓은 토성은 기원 1368년까지 줄곧 사용되었고 역대로 보수를 많이 진행했다.

1368년에 수어지휘(守御指揮) 구광(邱廣)이 장사성을 수즙했는데 기초부분은 돌을 쌓아 너비를 3장으로 했고 위로부터 타구까지는 전부 벽돌을 쌓았다. 둘레 길이는 2639.5장이었고 높이는 2.4장, 꼭대기 부분의 너비는 1장 이내로 했으며 성문 아홉 개에는 모두 성루를 쌓았다. 장사성은 부아(府衙)와 두 개 현아(县衙) 역임관리들의 중시로 보수가 자주 진행되었으며 성벽 상태도 기타 현군(縣郡)의 성벽에 비해 훨씬 좋았다.

1647년에 총진(总鎮) 서용(徐勇), 지부 장굉유(張宏猷)가 성을 중수했으며 1654년에는 홍수주(洪壽疇)가 명번성(明藩城)을 헐어 성을 쌓았던 벽돌로 부성을 더 높고 더 두텁게 쌓았다. 1665년에 무군(撫軍) 주소남(周召南)이 각 성문루를 신축하고 외옹성 망루를 쌓았다. 그 후에도 지방관리 및 향신들의 기부금이나 조정의 자금으로 여러 차례의 성지 보수가 이루어졌다. 1852년에 이자성이 인솔한 태평군은 북상하여 장사를 공격했으나 성을 쳐들어 가지는 못했다.

1917년에 호남도독(湖南都督) 담연개(譚延闓)가 도시 교통과 경제발전을 위해 성 철거와 도로 개설을 제안하면서 성이 철거되었는데 성을 쌓았던 벽돌은 주택 건설 현장이나 기타 건축 현장에 팔았고 수입은 도로건설에 보태졌다.

1983년에 장사시 정부에서는 천심각(天心閣)을 중건하고 성을 쌓았던 벽돌을 회수해 성벽을 복원했다. 2011년 11월에 당지의 고고학 전문가들은 장사시 개복만달 광장(開福萬達廣場) 공사현장에서 고성벽 유적 두 곳(즉 '조종가(潮宗街) 고성벽')을 발견했다. 전문가들은 토론을 거쳐 보존상태가 가장 좋고 정보량이 가장 풍부하며 제일 중요한 가치를 가지고 있는 약 20m 구간은 옛 터에서 보호하고 나머지 100m 는 다른 곳으로 옮겨 가 보호하기로 했다.

2013년에 천심각 고성벽은 전국중점보호문화재로 지정되었다.

20세기 30년대 장사성 동남모퉁이에 쌓아진 천심각(天心閣)

빗속의 장사 성벽과 천심각(天心閣)

湖南省省级文物保护单位

天心阁

湖南省人民政府
二零零二年五月十九日公布
长沙市人民政府
二零零三年五月二十日立

天心阁原名天星阁。始建年代不详。清代至民
国曾数次大修。主阁居中。素瓦石栏。檐牙高啄。
通高14.6米。两侧副阁铺佐。廊庑相连。1938年天
心阁及园内建筑毁于"长沙大火"。现阁为1983年在
原址重建。

2002年5月被公布为省级文物保护单位。

호남성 문화재로 지정된 천심각 문화재
보호 표지비(정면)

성벽 위의 천심각(天心閣)

상담(湘潭)현에서 구운 전석

상양(湘陽)현에서 구운 전석

보도와 성루

제3무 화숭지역 호남성   139

개봉 성벽 开封城

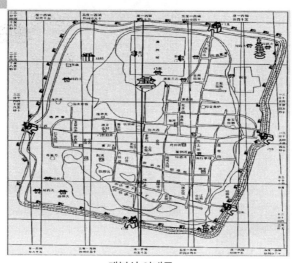

개봉성 안내도

하남성 중부 편동쪽에 위치한 개봉은 옛날에 동경(東京), 변경(汴京)이라 불렸으며 변(汴)이라 약칭되고 1982년에 국가역사문화명성으로 지정되었다.

개봉성은 기원 781년에 영평군 절도사(節度使) 이면(李勉)이 변량성(汴梁城)을 쌓으면서 수축되기 시작했는데 성내에 또 '아성(牙城)'이 있어 성이 내외 두 겹을 이루었다. 처음에는 토성을 쌓았는데 둘레 길이는 20리 155보였으며 성문은 열 개였다. 956년에 주세종(周世宗) 시영(柴榮)이 둘레 길이 48리 233보인 토성을 판축하여 개봉 외성을 증축하면서 성이 세 겹을 이루게 되었다.

10세기 후기로부터 12세기 초기, 북송정부는 968년, 1016년, 1023년, 1116년에 걸쳐 성을 확대하여 수축함으로써 둘레 길이는 50리 165보로 되었다. 12세기부터 14세기 후기에도 성 보수는 있었지만 그 질이 10, 11세기에는 크게 미치지 못했다.

1368년에 하남 성성(省城)인 개봉부성을 재축하면서 벽돌과 돌로 성벽 내외측을 쌓았다. 재축을 거쳐 성은 둘레 길이가 20리 190보, 높이가 3.5장, 너비가 2.1장이였으며 성문 다섯 개에 외옹성은 세 겹으로, 각루도 네 개 설치했다. 그 후로부터 17세기 상엽까지 성 보수는 여러 차례 진행되었다. 하지만 1642년에 농민봉기군 이자성 (李自成)의 부장(部將)이 제방을 헐어 성을 물에 잠기게 하면서 관민도 더는 성에 거주할 수 없게 되었다.

1644년 이후 성벽은 자주 훼손되었고 그에 따른 보수도 끊이지 않았다. 1739년에 순무 윤회일(尹會一)이 성벽과 성루 다섯 개를 대규모로 보수했는데 1644년 전의 규격과 형태를 그대로 답습했다.

1931년에는 성루가 전부 철거되었고 1937년과 1948년의 두 차례 전화에서는 부분적인 성벽과 성문이 훼손되었으며 1949년 이후에는 도시 발전과 함께 부분적인 성문이 연이어 철거되었다.

20세기 80년대 이후 개봉성은 정부의 관심과 보호를 받기 시작했다. 1993년의 유관부문의 조사에서는 개봉성의 둘레길이가 14.4km, 높이가 10여m로 확인되었다. 1998년 이후에는 서문성루와 서쪽 성벽 그리고 영빈문 성벽, 북문과 부근의 성벽, 신문(新門) 등을 수즙했다.

1996년에 개봉성은 전국중점보호문화재로 지정되었다.

오늘날 성벽 남쪽 해자의 모습

봄을 맞은 개봉성 대량문(大梁門)

수복된 성문안 출입구 포석도로

유지 보호 중인 성벽

개봉성의 옛날 모습

1938년 6월 6일, 개봉성 동문을 톺아 오르는
중국침략 일본군

개봉성 마도 유적

1938년 6월 5일, 개봉성을
오르는 일본군

낙양 성벽 洛阳城

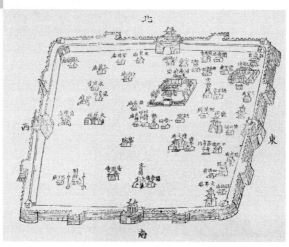

낙양성 안내도

중원 하락(河洛) 사이에 있는 낙양은 세계문화명성인 동시에 중국역사문화명성이며 또한 중국 4대 옛 도읍(서안, 남경, 북경, 낙양) 중의 하나이다.

오늘날 사람들은 근현대의 고고학 발굴자료에 근거해 낙양 경내에 선후로 언사이리두유지, 언사시향구상성, 동주왕성, 한위낙양성, 수당동도성 등 다섯 개의 대성지가 존재했음을 밝혔다. 어떤 학자들은 언사이리두유지는 하걸(夏桀)의 도성 짐심(斟鄩)이라고 추측하고 있다. 언사시향구상성(偃师尸乡沟商城)은 이른 시기 도성의 규모와 특징들을 겸비하고 있는 것으로 미루어 탕(湯)의 도읍 서박(西亳)이라고 인정

1939년의 낙양성

한위(漢魏) 시기의 낙양성 유적

하는 학자들도 있다. 동주왕성은 일찍 기원전 7세기에 축조되어 기원 원년 전후에 성지 전체가 황폐해지기 시작했으며 후에 이를 기초로 한나라 시기의 하남 현성을 수축했다.

기원 605년에 우문개(宇文愷)가 동도성(東都城)을 설계하고 성 수축을 책임졌는데 둘레길이 73리에 성문은 열 개였다. 동도성 서북부에는 황성이 있었고 황성 내에는 궁성이 있었는데 남쪽은 바로 낙수(洛水)에 인접해 있었다.

1373년에 명위장군(明威將軍) 육령(陸齡)이 토성을 전성으로 개축했는데 둘레길이는 8리 345보였고 높이와 성 기반의 너비는 각각4장이였으며 성문은 네 개로 줄이고 성문마다 성루를 쌓고 밖에는 옹성을 쌓았다. 1641년 2월에서 3월 사이, 농민봉기군이 성을 공격하는 과정에 성벽 일부 구간이 훼손되었다.

1645년에 지부 조문울(趙文蔚)이 낙양성 서쪽 성벽을 보수했으며 그 후에도 하남부와 낙양현 지방관리들이 모두 낙양성에 규모가 서로 다른 보수와 준설을 진행했다. 1937년에 중국 침략 일본군이 성벽을 일부 철거하면서 낙양성의 부분적인 성벽이 훼손되었고 1949년 이후 낙양성벽은 도시건설과 함께 육속 대규모로 철거되었다.

1996년에 낙양시 문화재사업팀은 도시 기초건설을 위한 고고학 발굴 사업을 진행하는 과정에 낙양시 노성구(老城区)에서 명나라 시기의 낙양성 한 구간을 발굴했다. 이 성벽은 14세기로부터 17세기 낙양성의 동북각 다시 말하면 동쪽 성벽과 북쪽 성벽의 경계로, 벽체는 반원형 마면구조로 되어 있었으며 구체적인 위치는 현재 노성구(老城区) 인민가(人民街) 23호 낙양호텔 내 북측으로 된다.

낙양 한위(漢魏)고성 성벽

신양 성벽 信阳城

신양 현성도(縣城圖)

신양은 '신성'이라고도 하며 하남성 남부에 위치해 있다. 동쪽으로는 안휘성에, 남쪽으로는 호북성에 접해있기 때문에 안휘, 호북, 하남 세 개 성을 연결하는 교통요충지로 되고 있으며 옛날에는 장강, 회하, 황하, 한수 등 네 개 강을 제어하는 전략적 요충지였다.

신양 동문 성벽과 해자

기원전 3세기에 초양왕(楚襄王)에 의해 임시 수도로 정해졌던 신양은 늦어도 기원전 8세기에는 성을 수축한 것으로 추정된다. 토성 유적은 초왕성(楚王城), 태자성(太子城), 고분군(古墓群) 세 부분으로 구성되어 있는데 '성양성유적(城陽城遺址)'이라고도 하며 오늘의 신양시 평교구(平橋區)에 위치해 있다. 성지는 내외 두 겹으로 되어 있는데 내성의 둘레 길이는 5484m, 면적은

68만m²이며 외성은 동, 북, 서 삼면이 강을 따라 뻗어 있는데 남쪽 성벽은 동쪽으로 1km뻗어 회하변에 이르렀으며 면적은 182만m²이다. 2001년에 신양성 유적은 전국중점보호문화재로 지정되었다.

기원 1380년에 천호 장용(張用)이 구성(舊城)을 확대하여 수축했는데 성벽 외측은 벽돌, 내측은 흙을 쌓았으며 둘레 길이는 9리 30보, 높이는 2장, 너비는 1장이였다. 그리고 성문마다 성루를 쌓았으며 외옹성(월성), 경포(와포)등 부속 건축도 쌓았다. 1641년에 농민봉기군 장헌충이 부하를 인솔하여 야간에 신양주성을 습격하여 성벽을 헐어버렸다. 1658년에 병헌(兵憲) 관기봉(管起鳳), 지주 고천작(高天爵)이 성을 개수하면서 1628년부터 1644년 사이에

신양성 서남모퉁이

훼손된 성문루 네 개를 복원했다. 1659년에 서쪽 성벽이 수십 장 무너져 지주 왕정

중국 침략 일본군에 의해 점령된 신양성 서문

이(王廷伊)가 개수를 감독했는데 이번 개수로 벽이 한결 두텁고 견고해졌다. 그후 신양 지방관리들은 모두 성지를 보수하거나 개축했으며 특히 1851년부터 1861년 사이에 태평천국 운동이 일어나면서 성지도 더 단단하게 보수했다. 1925년에 성에 주둔한 섬서 군대가 포위당하면서 부분적인 성벽을 헐었고 전쟁으로 타구도 심각하게 훼손되었다. 1931년 여름에 소남문과 북문 성벽 외측이 10여 장 무너졌는데 후에 '성지준설위원회'의 모금과 공진 자금으로 복원공사를 해서 원래의 모양대로 복원될 수 있었다. 그 후에 전쟁이 일어나면서 신양성도 일정하게 파괴를 받았다. 20세기 50년대에 와서 도시건설로 성벽 대부분을 인위적으로 철거하면서 극히 적은 구간의 성벽과 부분적인 해자만 남게 되었다.

1938년 10월 12일, 폭격에 무너진 성벽을 따라 신양성(信陽城) 동문을 오르고 있는 중국침략일본군

신정 성벽 新郑城

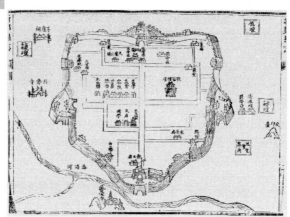

신정성 안내도

신정은 하남성 중부에 위치해 있는데 중화민족의 인문시조로 되는 헌원황제(黃帝)가 태어나서 천하를 통일하고 첫 도읍을 세운 곳으로 '중화 제1수도'로 불린다.

신정의 성 축조는 역사가 유구하며 문헌에는 기원전 8세기에 정무공(鄭武公)이 신정에 도읍을 세우면서 성을 쌓기 시작했다고 기재되어 있다. 그 후에도 신정은 여러 차례 도읍으로 정해지면서 성도 여러 차례 수축되었으나 모두 황폐해지고 말았다.

신정성지는 주패(朱珮), 장원인(張元仁), 왕지(王芝) 등 역대 지현들의 노력으로 기원 1426년에 수축되어 1432년에 완공되었는데 토성의 둘레 길이는 5리, 높이는 1.5장, 너비는 0.75장이고 성문은 네 개였으며 해자의 깊이는 0.7장, 폭은 1.4장이고 해자 밖에는 흙담으로 외곽을 만들었다.

1570년에 토성 서남모퉁이가 홍수로 무너지면서 지현 광탁(匡鐸)의 신청으로 성이 보수되었다. 1618년에 지현 진대충(陳大忠)이 성을 개수할 때 이치도(李致道)의 건의대로 현지의 잔돌과 삼합토로 기초를 다져 성벽이 아주 튼튼했다. 1642년 1월 8일에 농민봉기군 이자성이 부하를 인솔하여 성을 사흘 공격했고 성을 격파한 다음에는 타구를 모조리 허물어버렸다. 1644년 이후 도시 방위와 홍수 방지를 위해 신정 지방관리들은 모두 제때에 성지를 보수했는데 1761년에 신정 성벽의 동남쪽 두 군데가 폭우로 허물어 져 지현 하여융(何如濰)이 수리했다. 그 후 19세기말 20세기 초까지 신정성벽은 지방관리들의 관심으로 몇 차례 자연재해와 전쟁을 겪었으나 거의 대부분 제때에 보수를 받았다.

1912년 이후부터 20세기 50년대 사이에 성벽은 점차 피폐해져 대규모로 철거를 당했으며 신정은 성벽 흔적을 찾아 볼 수 없게 되었다.

2006년 8월에 신정시 시내의 서환로 개설 공사에서 당지 문화재기관은 길이가 약 80m되는 14세기로부터 17세기 사이의 신정현성 성벽유적을 발견했다.

신정 정한(鄭韓)고성

하남 신정의 정한(鄭韓)고성

정주 성벽 鄭州城

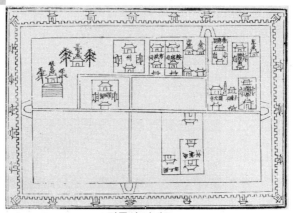

정주성 안내도

화북평원 남단 그리고 하남성 중부 편북쪽 황하남안에 있는 정주는 역사적으로 다섯 차례 도읍으로 정해지고 여덟 차례 주(州)로 정해진 중원(中原) 도시군 중심도시 중의 하나이다.

정주시 경내는 비교적 일찍 성을 수축하기 시작했는데 이른시기의 성지 유적들이 20세기 50년대 이후의 고고학 발굴에서 육속 나타나기 시작했다. 이를테면 '서산고성유적(西山古城遺址)'은 중국 이른시기 도시문명의 상황을 보여주며 '정주상대도성유적(鄭州商代都城遺址)'은 성내에 궁성이 있을 뿐만 아니라 성 남쪽의 서남쪽과 동남쪽에 잔존 길이가 3000m이상에 달하는 외곽이 있었는데 어떤 학자들은 기원전 16,17세기 성탕(成湯)이 거주했던 도읍 박(亳)이라고 하는가 하면 어떤 학자들은 기원전 13,14세기 중정(仲丁)의 오도(隞都)라 하기도 한다.

정주는 기원 621년에 성을 쌓았는데 실은 상나라 도성의 부분적인 성지를 규모를 축소한 것이며 성벽은 여전히 토성이었다. 1086년부터 1094년 사이에 도전운사(都轉運使) 오택인(吳擇仁)이 관주(管州) 토성을 중축했다.

1433년에 지주 임후(林厚)가 성지를 대규모로 개수하여 둘레 길이는 9리 30보로

정주 상성(商城) 성벽

되었고 높이는 3장 5척, 꼭 대기 너비는 2장, 성 기반의 너비는 5장이였으며 성문 네 개에는 모두 성루를 쌓았다. 그 후 정주성은 역임 지주들에 의해 모두 중축되거나 보수되었다. 17세기 상엽에 전란으로 정주성이 부분적으로 철거되었는데 1639년에 지주 노세임(鲁世任)이 성을 대규모로 개수하면서 토성을 전성으로 바꾸었고 1645년에는 지주 장조승(張肇昇)이 성을 대규모로 개수했다.

그 후에 정주성은 오랫동안 보수가 방치되어 몇 년이 지나지 않아 많은 구간의 벽체가 갈라지고 붕괴되었으며 치첩도 거의 대부분 무너졌다. 1851년부터 1864년 사이에는 태평천국 운동으로 성지가 훼손되어 1871년에 지주 우연당(于蓮塘)이 대규모로 보수했다.

1912년에 향신들의 협의로 성벽 네 면에 포대를 하나씩 더 설치한 이후로 성벽은 오랫동안 보수를 받지 못했으며 또 전쟁까지 겹쳐져 성문 네 개가 연이어 훼손되고 철거되었다.

20세기 80년대 이후에 정주 성벽은 동쪽과 남쪽에 토담만 일부 잔존되어 있었다. (벽돌은 이미 철거됨)

보호되고 정비된 정주 상성(商城) 동성벽

감주 성벽 贛州城

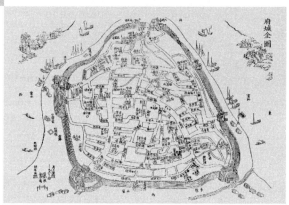

감주 부성도(府城圖)

강서성 남부 그리고 장강(章江), 공강(貢江)이 합쳐 지는 곳에 있는 감주는 삼면이 강과 접해 있고 한 면만 산과 접해 있기 때문에 '천리 감강의 첫번째 도시'라고 불리고 있다.

감주는 기원전 201년에 감주 현성을 설치하고 조타(趙陀)의 침입을 막기 위해 성을 쌓기 시작했다. 기원 349년에 군수 고염(高琰)이 군치를 장강과 공강 사이로 옮기면서 토성을 쌓았는데 군치가 이전되면서 토성도 폐기되었고 552년에 군치가 다시 구성(舊城)으로 옮겨 지면서 토성도 다시 수축되었다. 그 후 10세기 초에 군인(郡人) 노광조(盧光稠)가 군사를 일으켜 성을 점령하면서 방어를 위해 성지를 대규모로 확대하여 쌓았다.

13세기 후엽에 조정에서 성지 수축 금지령이 내리면서 감주성벽도 점차 피폐해졌는데 1358년 가을인 10월에서 11월 사이에 농민봉기군 진우량(陳友諒)과 부장 웅천서(熊天瑞)가 감주성을 함락하면서 성벽에 대한 간단한 보수를 진행했다.

1365년에 또 주원장의 부장 지휘 양염(楊廉)이 감주성을 점령하고 성을 중수했으며 그 후로부터17세기 상업까지 감주 지방관리들은 모두 감주성을 여러 차례 보수하고 증축했다.

1644년 이후 감주는 명나라 성벽을 그대로 사용했고 성벽과 기타 부속 건축물은 훼손될 때마다 보수를 진행했는데 규모가 비교적 큰 보수를 꼽는다면 적어도 10차례 이상이 된다. 1851년부터 1861년 사이에 감주 수성 관리들과 청나라 군대는 태평군의 공격을 방어하기 위해 선후로 포성(炮城)을 다섯 개 쌓았다.

1912년 이후 (특히 20세기 50년대 후) 감주 성벽은 도시건설 등 원인으로 선후로 남쪽 구간을 비롯한 성벽 일부를 철거했으며 20세기 80년대 후에는 지방 정부의 특별한 보호로 감주고성벽에 대한 대규모의 보수 공사를 여러 차례 진행했다. 현재 감주성은 전체 길이가 3664m이며 용금문(湧金門), 서진문(西津門) 포성, 팔경대(八境台) 포성 등은 완정하게 보존되어 있는데 감주성 잔존 고성벽에 대한 문화재기관의 조사에서는 성벽에 부동한 연대 그리고 서로 다른 내용의 석문이 500여 종에 달함도 추가 확인되었다. 1996년에 감주성벽은 전국중점보호문화재로 지정되었다.

감주 성벽 마면 포대 내측

감주 성벽 북문

서진문(西津門)

감주 성문밖 해자

감주성벽 성꼭대기

감주 성벽 마면

2007년, 감주성 고찰 중인
본책의 저자 양국경(楊國慶)

남창 성벽 南昌城

남창 현성도

남창은 예장, 홍주라고도 불리는데 강서성 중부 편북쪽 그리고 중국에서 가장 큰 담수호인 파양호(鄱陽湖) 서남안에 접해 있으며 1986년에 중국역사문화명성으로 지정되었다.

남창은 기원전 201년부터 성을 쌓기 시작했는데 20세기 초까지 역사적으로 중요한 성 축조는 적어도 네 개 단계를 꼽을 수 있다. 즉 기원전 2세기로부터 기원 3세기 초까지의 한성(漢城), 7세기로부터 10세기 초까지의 당성(唐城), 10세기로부터 13세기까지의 송성(宋城), 14세기로부터 17세기까지의 명성(明城)등이다. 기원전 202년에 어사대부(御史大夫) 관영(灌嬰)이 토성을 쌓았는데 둘레 길이는 10리 84보였으며 성문은 여섯 개였고 기원 685년에 홍주도독(洪州都督) 이경가(李景嘉)가 담과 성문 여덟 개를 수즙했다.

960년부터 1279년 사이에는 10세기 중기의 남당(南唐)을 기초로 대규모로 남창성을 확대 수축했는데 둘레 길이는 31리였고 성문은 16개였으며 도시 방어를 위해 1351년에 담과 성문을 수즙하고 성루를 12개 쌓았다.

1362년에 주원장의 대도독(大都督) 주문정(朱文正)이 남창성을 수비하면서 성 서쪽이 장강에 접해 있어 성 수비에 불리하다 생각되어 성을 조금 안쪽으로 옮겼는데 둘레 길이는 2070여 장이었고 높이는 2.9장, 두께는 2.1장이었으며 성문은 7개였다. 17세기 상엽에 서남쪽 성문 광윤문(廣潤門)이 큰 불에 타버려 1641년에 남창 지현 심응단(沈應旦)이 성을 중수했다.

1644년 이후 남창성지는 기본적으로 앞선 조대의 규모와 골격을 따르면서 큰 변화가 없었고 청나라 시기에 대규모의 보수는 일곱 차례, 일반적인 보수는 적어도 16차례 있었다.

1912년 이후 남창성벽은 오랫동안 보수가 방치되고 전란과 도시 건설의 세파를 겪으면서 점차 붕괴되고 심지어 철거되었는데 20세기 80년대 이후에는 극소수의 옛 성터와 흩어진 성돌 외에는 잔존 성벽을 거의 찾을 수 없게 되었다.

남창성을 축조한 서한 대장군 관영(灌嬰)의 공적을 기리기 위해 만들어진 남창시 상호(象湖)풍경명승지 호수가의 관영(灌嬰)성루

만안 성벽 万安城

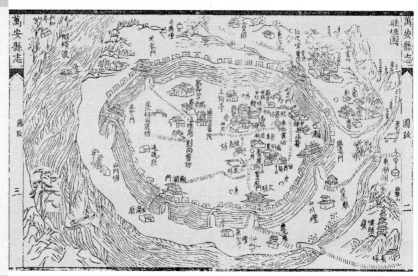

만안 현성도(縣城圖)

강서성 중남부에 있는 만안은 길안시 남쪽 변두리, 나소산맥(羅霄山脈) 동쪽 기슭에 있는데 지리적 위치가 뛰어나 교통요충지로 되고 있으며 감강(贛江) 중류 지역의 18개의 모래불로 수운이 발달했다.

만안은 기원 502년에 주부(主簿) 도평부(杜平夫)가 천 여 명의 병사들을 이끌고 돌로 어량성(漁梁城)을 쌓으면서 성을 수축하기 시작했다. 581년에 어량성이 폐기되면서 1078년에 지현 주준민(朱俊民)이 현치가 있는 부용진(芙蓉鎭)에 토성을 쌓았다. 1155년에 지현 조성지(趙成之)가 담을 증축하고 성문을 개수했으며 1359년에 지현 팽구고(彭九皐)가 토성을 증축했는데 둘레 길이는 3리였으며 높이는 1장, 너비는 8척, 성문은 네 개였다. 후에 감강의 수위가 급격히 상승하면서 담과 망루가 무너졌다.

1512년에 지현 상교(桑翹)가 성을 대규모로 개수하면서 벽돌로 성을 증축했는데 둘레 길이는 714장, 높이는 2.2장, 성 꼭대기 너비는 한 장, 성 기반의 너비는 1.5장,

성가퀴는 950개였고 성문은 여섯 개를 설치했다.

1644년에 지현 호추(胡樞)가 성을 대규모로 개수하면서 성가퀴를 477개로 줄이고 성루를 다섯 개 쌓은 후, 19세기 말 20세기 초까지 만안성은 적어도 네 차례의 홍수의 습격을 받으면서 큰 구간이 붕괴되고 훼손되었으며 지방관리들의 적극적인 대책으로 보수가 이루어졌다.

1912년 이후 만안성은 1915년의 역사적인 대홍수와 여러 차례의 전쟁으로 많은 구간이 파손되었으며 1949년 이후에는 도시건설을 위해 대부분이 철거되었다.

20세기 80년대 이후 문화재기관에서는 감강에서 약 1000m떨어진 곳에서 만안성 성벽 한 구간과 관란문(觀瀾門), 오운문(五雲門)등을 확인했다. 2006년부터 2010년 사이에 지방 정부는 잔존 성벽과 성벽 주변 환경을 두 차례 크게 보수하고 정비했다.

만안성벽은 1990년에 현급보호문화재로, 2006년에는 강서성 성급보호문화재로 지정되었다.

만안 고성벽의 오운문(五雲門)

부량 성벽 浮梁城

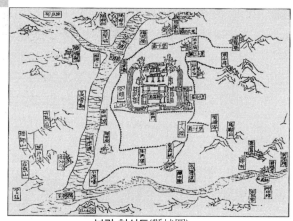

부량 현성도(縣城圖)

부량은 강서성 북부 창강동하(昌江東河) 하류에 위치해 있으며 현성은 경덕진(景德鎭) 시중심에서 7km 떨어져 있다.

부량은 기원 7세기 상엽에 현치를 설치하면서 성을 쌓기 시작했다. 기원 1359년에 우광(于光)이 토성을 쌓기 시작하여 이듬해 완공되었는데 둘레길이는 777.5장이고 높이는 1.6장이며 성문은 동문, 서문, 남문, 북문, 소남문 등 다섯 개를 설치했다.

1403년부터 1424년 사이에 전석을 사용하여 대규모로 성을 수축했는데 동쪽, 서쪽, 남쪽 성문 세 개는 그대로 남겨 놓았다. 1540년에 부량 수재로 성벽 많은 구간이 훼손되었는데 지현(知縣) 왕종이(汪宗伊)가 성을 보수했으며 1602년의 홍수에는 성벽 200여 장이 물에 떠밀려 가 지현(知縣) 주기원(周起元)이 수즙을 진행했다.

1644년 이후에 부량성이 훼손될 때마다 역임 지방관리들이 보수를 했는데 1728년에는 지현(知縣) 심가정(沈嘉征)이 녹을 기부하여 성을 수리했고 그 후에는 지방관리들이 녹이나 가봉을 기부하여 성을 수리하는 경우가 많았다. 1853년 이후 태평군과 청나라 군대가 수차례 치열한 성지 공방전을 벌이면서 성벽이 크게 훼손되었는데 1871년에 지현(知縣) 이가서(李嘉瑞)가 향신과 촌민들을 직접 이끌고 훼손된 성벽 구간에 대한 복원 공사를 진행했다.

1912년 이후 부량성벽은 타구(垛口)를 시작으로 성벽 전체가 점차 무너지기 시작했으며 1949년 이후에는 수차례 인위적인 파괴를 당했는데 성을 쌓았던 돌은 심지어 공공시설 건축재료나 시골사람들의 주택 건설에 사용되기도 했다. 1966년부터 1976년 사이에는 촌민들을 강 동쪽으로 이주시키면서 성벽 거의 대부분을 철거하였는데 남은 것이라고는 6m되는 고성벽과 절반밖에 남지 않은 동문(東門) 뿐이었다.

20세기 80년대 이후에 관광 수요를 위해 남문(南門)을 기초로 성문 하나를 더 설치하고 이름을 '부량성'이라 했지만 결코 옛 성문은 아니다.

신축 '부량성' 정문 및 광장

신축 '부량성' 성문

옥산 성벽 _{玉山城}

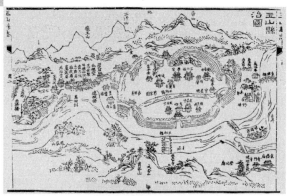

옥산 현치도(縣治圖)

강서성 동북부에 있는 옥산은 복건성, 절강성과 강서성의 경계에 있으면서 두 개 강, 여덟 개 성의 교통요충지로 작용하고 있다.

옥산의 성 축조는 11세기 중기 이전까지는 문헌에 기재되지 않았다. 기원 1512년에 기아에 시달린 농민들의 반항을 막기 위해 옥산 지현(知縣) 담세희(譚世熙)가 성문 두 개를 쌓았으며 1561년에 요자비(姚子篚)가 성 축조를 대리 책임졌는데 성문 네 개에 높이는 1.6장이였으며 타구의 높이는 4척, 성 기반의 너비는 1.8장, 꼭대기 부분의 너비는 1.2장이였다. 1586년에 지현 장도심(張道深)이 양문형으로 된 성문 여섯 개의 문짝을 모조리 철을 덧대서 더 견고하게 만들었다. 그 후 성벽은 훼손되는 일이 잦았으나 지방관리들의 중시로 제때에 수줍되기도 했다.

옥산성벽은 1648년 이후에 점차 타구와 여장이 훼손되었는데 1669년에 지현 당세미(唐世微)가 돈을 기부하고 성 보수를 책임졌다. 1788년에 홍수가 동쪽에서 서쪽으로 지나가면서 동쪽 구간과 서쪽 구간 성벽 수십 장이 무너졌는데 이듬해에 지현 정여옥(丁如玉)이 3년을 걸쳐 성벽 수리를 마쳤다. 1868년 3, 4월 사이에는 우박으로 성루 여섯 개가 훼손되었고 1870년에는 남쪽 성벽 바깥쪽이 한 장 남짓 무너졌는데 지현 황수기(黃壽祺)가 성벽을 원래의 모양대로 복원했다.

1928년에 상옥도로(常玉公路)를 개설하면서 동쪽 성벽에 성문 하나 더 설치하고 도로가 성을 관통해 소서문(小西門)으로 빠져 나가게 했다. 1942년에 중국 침략 일본군이 옥산현성을 공중 습격하면서 소서문이 무너졌고 1949년 이후에는 도시건설로 점차 부분적인 성벽을 철거했다.

20세기 80년대 이후 문화재기관의 조사에서 옥산성벽은 동쪽과 남쪽의 1000여m 구간과 대동문(大東門), 소동문(小東門), 남문(南門) 등이 잔존해 있었다.

1982년에 옥산성벽은 현급보호문화재로, 2006년에는 강서성 성급보호문화재로 지정되었다.

보수 전 옥산성의 낡은 성문

옥산성 잔존 구간

회창 성벽 会昌城

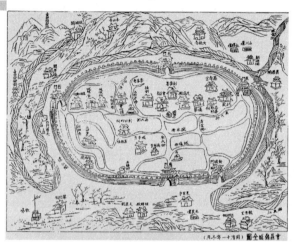

회창성 안내도

강서성 동남부에 있는 회창은 동쪽은 복건성에 남쪽은 광동성에 접해 있어 강서성, 복건성, 광동성을 연결하는 교통요충지로 되고 있다.

회창현성은 기원 1131년부터 1162년 사이에 지현 황월(黃鉞)이 쌓기 시작했는데 둘레 길이는 2리 50보, 높이는 1.5장이였고 성문은 여섯 개를 설치했다.

1389년에 수어천호소(守御千戶所) 천호(千戶) 팽영(彭英)이 서남쪽 모퉁이로부터 200보 성을 증축하고 성문 네 개에 모두 성루를 쌓았는데 성벽 전체에 타구는 957개, 와포는 8개, 망대는 2개였다. 1535년 여름에 큰 비로 성벽이 거의 다 무너져 지현 이장(李璋)이 지방 관리들을 요청하여 함께 수즙을 했다.

그러다 1648년에 이르러 회창에 반청 봉기가 일어나면서 청나라 군대가 성을 포위했고 전쟁 가운데 절반에 달하는 성벽이 훼손되었다. 1650년에 지현 왕순(王洵)이 녹을 기부하여 성을 수리하고 성루, 포대와 와포도 중건했다. 그 후 회창성벽은 자주 훼손되었지만 보수도 많이 진행되었다.

1940년에 회창현성의 청화문(淸華門)이 불에 탔고 1966년부터 1976년 사이에는 회창 고성벽의 포루, 성가퀴 등이 모두 철거되었으나 군사 방어 기능과 홍수 방지 기능으로 성벽 일부와 대부분의 성벽 기초는 기나긴 세월을 걸치면서도 남아 있을 수 있었다. 하여 민간에는 '동으로 된 감주, 철로 된 회창'이란 말이 전해지고 있다.

현성 옛 시가지에 위치한 회창성벽은 20세기 80년대 이후 잔존 길이가 총 1030m였으며 세 구간에 걸쳐 있었다. (1) 보운교(步雲橋) 이북으로부터 북문 즉 임청문(臨淸門)을 거쳐 서가(西街) 서쪽끝 북쪽까지 491.7m의 반월형 구간이다. (2) 보운교 서쪽끝 이남의 동문 즉 쌍청문(雙淸門)으로부터 남가(南街) 소남문까지 312.4m 구간이다. (3) 서가(西街) 서쪽끝 남쪽으로부터 서하대교(西河大橋)까지 226m 구간이다. 그 중에서 첫번째 구간은 비교적 완정하게 보존되었고 두번째와 세번째 구간은 훼손이 심각했다. 회창성벽은 너비가 4-8m로 서로 다르며 성 기반의 외부는 전부 가늘고 긴 홍마석을 쌓았는데 가장 높은 곳은 1.7m, 가장 낮은 곳은 1.1m이다. 성벽 내부는 흙을 달구질해서 쌓았고 일부 벽돌에는 석문이 새겨져 있었다.

회창성벽은 2004년에 현급보호문화재로, 2006년에는 강서성 성급보호문화재로 지정되었다.

회창 고성벽 잔존구간

제4부 화북지역

북경 성벽 北京城

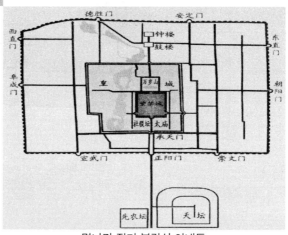

명나라 전기 북경성 안내도

화북평원의 북쪽에 위치한 북경은 중화인민공화국의 수도이며 세계에서 유명한 역사문화명성 중의 하나이다.

중앙문 남쪽에서 본 정경

북경은 일찍 기원전 11세기에 제후국 연(燕)나라 도성을 시작으로 성을 쌓기 시작했다. 기원 1151년에는 요(遼)나라 시기의 남경성을 동쪽, 서쪽, 남쪽으로 확장하여 금중도(金中都) 성을 수축했다. 금중도는 궁성, 황성, 대성 세겹으로 되어 있는데 대성의 둘레길이는 18.69km이며, 담은 흙을 달구질해 수축했고 성문은 13개를 설치했다. 성벽 외곽에는 해자를 준설하고 돌다리를 놓았다. 1267년에 유병충(劉秉忠)이 원나라 대도성을 설계하고 수축했는데 외성의 실제 둘레길이는 28.6km였다. 성벽 외부는 일정한 거리를

두고 돈대를 설치했으며 네 모퉁이에는 각루를 쌓았다. 그리고 성문은 11개를 설치하고 성밖에 해자를 준설했으며 성문 밖에 현수교를 만들었다.

1368년부터 1911년 사이 북경성은 원나라 대도성을 기초로 총 다섯 개 시기를 걸쳐 개축과 증축을 하면서 오

20세기 50년대 초, 정양문(正陽門) 성루에서 내려다 본 천안문 광장

늘의 모습을 갖추게 되었다. 1406년에 도성을 북경으로 옮기기 위해 명성조 주체(朱棣)는 북경성을 새로 설계하고 수축하기 시작했다. 1436년에 이르러 망루 아홉 개와 전루, 옹성, 그리고 성문 밖의 패루, 네 모퉁이의 각루가 완성되었다. 1553년에 국가 재정이 빠듯함에도 불구하고 수도의 방어능력을 제고하기 위해 남경성에 외곽을 설치하는 제식전통을 본받아 남쪽 성벽에만 외곽을 증축했는데 성문은 일곱 개였으며 성문마다 옹성을 쌓았다. 이로써 북경성은 입 구(口)자 형으로 부터 볼록할 철(凸)자 모양을 이루게 되었다.

1915년에는 교통 편리를 위해 정양문(正陽門) 옹성을 헐어 버리고 1952년부터는 외성 성벽과 내성의 부분적인 성벽까지 육속 철거해 현재 내성 성벽 세 곳과 정양문 성루, 전루, 덕승문(德胜门) 전루와 동남쪽의 각루만 남아 있다.

20세기 80년대 이후에 와서 북경성은 한결 보호를 받게 되었으며 이로써 내성 동남쪽 각루와 정양문 성루, 전루, 덕승문 전루는 각각 1982년, 1988년, 2006년에 국가급 문화재로 지정되었다. 2004년에는 북경고성 중앙선 남단의 중요한 표지라 할 수 있는 영정문(永定門)과 성루를 중건했다.

20세기 20년대 북경 정양문 옹성 밖의 어하교 (御河橋)

청나라 말기 북경 정양문(正陽門) 전경

북경 정양문(正陽門) 동측 전루

자금성 남문으로 되는 오문(午門)

20세기 30년대 북경성내의 중화문(中華門)

20세기초, 북경 정양
문 출입구에서 행인을
점검하는 여경

20세기 20년대 북경 고궁(원 궁성)의 동화문(東華門)

20세기 30년대 북경성 숭문문(崇文門)

명나라 시대 북경 황성 동안문(東安門)의 유적 전시구

원대도 화의문(和義門) 옹성 성문 유적(북경 서직문)

1930년, 북경성을 떠나는 염석산(閻錫山) 부대

1930년, 북경성에 진입한 장학량(張學良)부대, 여전히 전통작살을 등에 지고 있다.

20세기 30년대의 북경 교성(郊城)

20세기 30년대, 북경 북해 단성 아래의 낙타상인들.

20세기 20년대 북경성 성밖의 버스역.

1937년 8월 8일, 중국침략 일본군 무타구치 렌야(牟田口廉也) 부대의 북평(北平)입성(入城)식.사진은 부대가 정양문을 통과하는 모습.

청나라 말기 북경 외성(外城)의 동북각루

청나라 말기 북경 내성(內城)의 동남각루

명청시기 북경 성벽과 해자

20세기 초 북경의 자금성(紫禁城) 각루(角樓)

명청시기의 북경성벽

1930년, 북경성을 떠나는 염석산(閻錫山) 부대

완평 성벽 宛平城

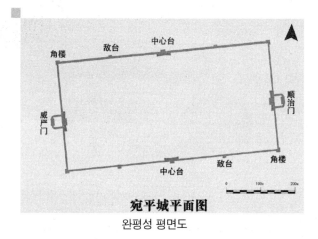

宛平城平面图
완평성 평면도

  북경성 서남쪽, 노구교 동쪽에 위치한 완평성은 고대 북경에서 내몽골 고원을 드나들고 중원에로 남하하는 상업과 여행의 필수 경유지였다.

  기원 1640년 완평성 준공 당시에는 '공북성(拱北城)'으로 불렸으나 1644년부터 1911년 사이에는 '공극성(拱極城)'으로 불렸는데 그 어느 이름이든 모두 수도 왕성을 보위한다는 의미를 가지고 있다. 17세기 상반기에 조정에서는 이자성 군대의 수도 침입을 방어하기 위해 어마감(御馬監) 환관 무준(武俊)에게 명하여 1638년부터 성을 쌓았는데 이 성은 군사적 방어 목적의 위성이며 기타는 명나라 순천부 관할 하에 있는 수도 부곽현 (중국고대에 독립적으로 설치되지 않고 부성이나 주성에 부설된 현.) 중의 하나인 완평현에 속한다.

  완평성은 둘레길이가 4리이고 길이와 너비는 모두 1리라고 문헌에 기록되어 있으나 오늘의 측량결과로 볼 때 동서길이는 640m, 남북 너비는 320m이며 총 20.8만 m² 이다. 성문은 동, 서로 나있는데 동쪽 성문은 '순치문(順治門)', 서쪽 성문은 '영창문(永昌門)'(청나라 시기에 '위엄문(威嚴門)'으로 바뀜)이라 했으며 모두 외옹성, 성루 등 성벽 부속건축이 지어져 있었다. 성의 네 모퉁이에는 각대와 각루, 적대, 깃발을

꽂는 바위, 성가퀴 등이 있었는데 성가퀴에는 덮개까지 만들어져 있었다. 성벽은 여섯 층의 장방형 석판으로 기초를 만들고 내부는 달구질한 흙과 자갈을 채웠고 외부는 벽돌을 붙였으며 꼭대기는 벽돌을 세 층 깔았다.

1368년부터 1911년 사이 완평성은 여러 차례 훼손되었지만 전략적 요충지에 있었던 관계로 모두 즉시적으로 보수되었다. 1937년 '7.7 노구교사변'에서 완평성의 성루, 갑루, 각루와 부분적인 성가퀴가 중국 침략 일본군의 전화로 파괴를 받았고 1958년에는 교통 체증을 완화시키기 위해 동쪽과 서쪽 성문 그리고 갑문을 헐어 버렸다. 1984년에 성내에서 '무준비(武俊碑)'가 출토되었는데 비문에는 공극성 축성 당시의 진귀한 자료가 적혀 있었다. 그후 완평성에 대한 대규모적인 보수를 여러 차례 진행했고 명나라 위성의 형태를 참조해서 성문을 복원했으며 2001년부터 2002년에는 각루 네 개와 성루 네 개 그리고 중심성루 두 개를 복원함으로써 완평성의 옛 모습을 거의 다 드러낼 수 있었다.

1961년에 '완평현성'은 '노구교'의 부가적인 프로젝트로써 전국중점보호문화재로 지정되었다.

1937년 7월, 노구교사변 후 완평성 주둔군이 성밖에 방어공사를 하며 적극적인 전투준비를 하고 있다.

1937년 7월 29일, 중국침략 일본군에 의해 타서 무너진 완평현 성루

완평성 성문과 성루

완평성 성외 옹성과 성문

완평성 성벽과 각루

노구교(盧溝橋)에서 바라본 완평성

칠칠사변후 경비가 삼엄해 진 완
평성 성문

주성문인 위엄문(威嚴門)

완평성벽과 배수용 석조

창평 성벽 昌平城

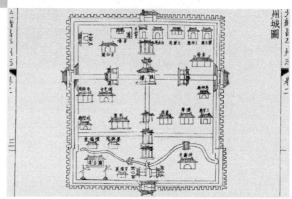

창평 주성도(州城圖)

　북경시 창평구에 있는 창평성은 정권 소재지인 동시에 중요한 전략적 요충지로 줄곧 '수도의 평안을 지켜주는 보호벽'으로 불리고 있다.

　창평은 기원전 206년부터 성을 쌓기 시작했다. 『괄지지(括地志)』에는 창평 구성이 유주(幽州) 동남쪽으로 60리 되는 곳에 위치해 있다고 기재되어 있는데 이는 기원전 3세기 말 기원 2세기 초 무렵의 사하점(沙河店)동쪽으로 추정된다. 또 『대명일통지(大明一统志)』에는 기원 220년부터 265년까지 위문제(魏文帝)가 창평성에 군대를 주둔시켰다고 기록되어 있는데 바로 창평주 동남쪽이 된다. 창평구성은 역사적 기록이 부족한 원인으로 성의 규모는 알 수 없다. 1313년 겨울에는 창평구성을 신점(新店)으로 이전하여 성을 수축하고 백부도성(白浮圖城)이라 했으나 아직까지 성의 규모는 고증되지 않았다. 또 1450년 봄에 천수산(天壽山) 남쪽에 성을 쌓았는데(후세에는 영안성(永安城)이라 했음) 성의 둘레 길이는 12리, 성가퀴는 2986개 였으며 동, 서, 남쪽으로 성문 세 개를 설치하고 성문에는 전부 외옹성을 쌓았다. 그리고 옹성 성문과 주성문에는 전부 성루를 설치했으며 깊이 한 장, 너비 1.5장 되는 해자도 팠다. 1636년에 병부시랑 장원좌(张元佐)가 구성 남쪽 성벽을 헐어 성을 쌓

창평 주성 남문이 찍힌 엽서

았던 벽돌을 동문 성루를 보수하는데 썼는데 이로써 성 전체가 하나로 이어져 둘레길는 10리24보, 해자의 깊이와 너비는 각각 2장 남짓 되었다.

1675년에 창평성 신성과 구성을 개축했는데 성벽의 높이는 3장이었으며 해자의 깊이는8척, 너비는 3장이 되었다. 남문에는 '수도 주위의 방어요충지'란 문액을 썼고 동문과 서문에도 각기 '연계(燕薊)지역의 안전 요충지', '경내를 지키는 중요한 관문'이라는 문액을 더 썼다. 창평성의 규모와 골격은 바로 이때 형성되어 줄곧 그대로 사용되었다. 그 후 창평성은 비교적 완정하게 보존되었는바 1937년부터 1949년 사이에는 큰 규모의 훼손이 없었다.

20세기 50년대에 인구가 급중함에 따라 건축자재의 공급이 긴장해졌다. 많은 기관들에서는 현성을 헐어 그 벽돌을 건축자재로 요긴하게 썼고 이에 따라 성벽도 점차 훼손되었다. 현재 창평성은 그 모습을 전혀 찾아 볼수 없고 다만 오거리(五街) 영방골목(营坊胡同)에 있는 남쪽 성벽 성터와 남쪽에 있는 해자만 확인될 뿐이고 원래의 성벽과 이슬람사원은 바로 이 해자를 사이에 두고 있다. 2003년 7월에 남구(南口)성, 호호(虎峪)성, 상관(上关)성, 백양(白羊)성, 장욕(长峪)성 유적은 북경시(군, 현급) 문화재로 지정되었다.

'기보중진(畿輔重鎭)'이라고 새긴 창평 주성 남문의 석편액

천진 위성 성벽

天津卫星

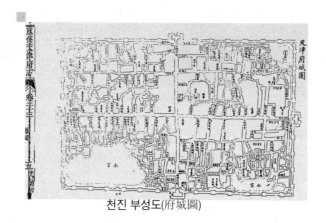

천진 부성도(府城圖)

중국 화북평원 북부에 있는 천진은 약칭이 '진(津)'이며 '진고(津沽)', '진문(津門)'이라고도 불린다.

기원 1404년에 명성조는 직고(直沽)에 위소 (衛所) (명나라 때 군대를 주둔하는 곳, 규모가 큰 것은 천호소, 작은 것은 백호소가 있다.)를 설치하고 공부상서(工部尚書) 황복(黃福), 평강백(平江伯) 진선(陳瑄), 도지휘첨사(都指揮僉事) 능운(凌雲), 지휘동지(指揮同知) 황강(黃綱)에게 명하여 성을 축조했다. 성은 흙을 달구질해 쌓았는데 동쪽으로는 해하와 220보, 북쪽으로는 위하(남운하)와 200보 떨어져 있었다. 둘레 길이는 9리 13보, 높이는 3.5장, 너비는 2.5장이였으며 성가퀴는 1454개였고 성문 네 개에는 모두 성루를 쌓았으며 성문 밖에는 해자를 팠다. 성은 동서가 길고 남북이 짧은 장방형 모양으로 주산과도 같았기 때문에 사람들은 천진성을 '주산성'이라고도 불렀다. 1493년부터 1494년 사이에 성벽을 중수하면서 토성 외벽에 벽돌을 붙이고 성벽을 더 높고 두텁게 만들었다.

천진성 내외 전경도

20세기 초 천진성 성문과 성루

1653년에 홍수로 성벽 양면이 붕괴되어 천진진(天津鎭) 총병 감응상(甘應祥), 부사 양응원(梁應元)이 성을 중수했다. 1674년에 총병 조양동(趙良棟)이 성벽 가까이에 있는 가옥을 전부 철거시키고 성벽을 중심으로 3장 이내의 구역에 집을 짓는 것도 금지시켰다. 1860년에 영국 프랑스 연합군을 방어하기 위해 성밖에 도랑을 파고 그 흙으로 담을 쌓았으며 큰 포루 2개와 작은 포루10개를 쌓았다. 1900년에 팔국 연합군이 천진성을 점령했을 때 도통 (청나라 8기군의 우두머리.) 아문(都統衙門)에서는 천진의 대외적 방어능력을 떨어뜨리기 위해 천진성을 허물어 버리고 다시 성을 쌓지 못하도록 규정했다.

1997년에 천진성 동문 지하파이프라인 공사 중에 황토를 달구질해서 수축한 토성 유적이 발견되었다. 달구질한 층 사이사이에는 벽돌과 기와 그리고 자기 조각을 깔았으며 성문은 길이 32cm, 너비16cm, 두께 6cm인 내화 벽돌을 외면에 붙여 더 견고하게 했다. 1970년의 지하철 공사 중에 발견된 서남쪽 각루는 말뚝으로 기초를 다지는 건축기법을 사용했는데 말뚝의 길이는 2m였고 0.65m간격으로 떨어져 총 17줄로 나란히 배열되어 있었다.

1986년에 천진은 국가 역사문화명성으로 지정되었다.

1937년 8월 24일. 중국 침략 일본군이 천진시 관할 정해(靜海)현성에 침입

조한단고 성벽

邯郸故城

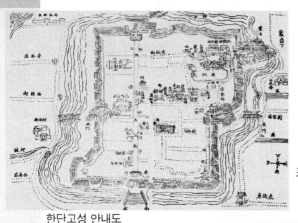
한단고성 안내도

조나라 한단고성과 한단현성 관계 안내도

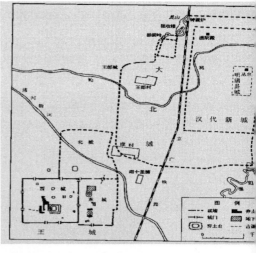

하북성 한단시 시내 그리고 서남쪽 교외에 있는 조한단고성은 기원전 475년부터 기원전 221년 사이의 전국 '7웅'중의 하나인 조나라의 도성유적이다.

한단고성은 총 면적이 약 2100만 m² 이며 궁성(宮城)과 곽성(郭城) 즉 조왕성(趙王城)과 대북성(大北城)으로 나뉘어진다.

조나라 도읍 궁성유적인 조왕성은 한단시 시내에서 서남쪽으로 4km떨어진 서대둔촌(西大屯村) 남쪽에 있으며 총 면적은 512만 m² 로 동, 서, 북 세 성으로 구성되는데 평면은 물건 '품(品)'자 형을 띤다. 성벽은 비교적 완정하게 보존되어 있으며 문궐과 건축 기지 몇 십 개가 잔존되어 있는데 국내에서 가장 완정하게 보존된 유일한 전국(戰國)시기의 왕궁 성지이다.

성벽의 총 길이는 8349m이며 서쪽 성벽의 평면은 방형에 가깝고 동서 너비는 1354m, 남북 길이는 1390m이다. 성벽은 네 면이 모두 잔존되어 있는대 너비는 20-30m이며 성문은 각각 두 개씩 쌓아 남북, 동서로 멀리 마주보게 설치했다. 성내의 지면에는 흙 다짐대 5개가 보존되어 있는데 그 중 중부 편남쪽에 있는 '용대(龍台)' 기틀은 정방형에 가깝고 남북 길이는 296m, 동서 너비는 265m, 잔존 높이는 19m로 지금까지 발견된 기원전 5세기로부터 기원전 3세기 사이의 가장 큰 흙 다짐대로 궁성 내의 주요한 궁전 기지라고 볼 수 있다.

궁성 동북쪽으로 60여m 떨어진 곳에 있는 대북성은 곽성 유적으로 수공업단지와 상업단지 그리고 주민거주구역으로 이루어져 있는데 평면은 불규칙적인 장방형이고 동서로 가장 넓은 곳은 3240m, 남북으로 가장 긴 곳은 4880m이다. 또 곽성 서북쪽에도 작은 성이 하나 있는데 평면은 제형에 가깝고 담은 흙을 달구질했으며 동서 너비는 290-400m, 남북 길이는 약 700m이다. 작은 성 중간에는 간막이벽이 있어 두 부분이 남북으로 서로 연결되어 있다. 북쪽과 서쪽에 있는 높고 큰 흙 다짐대 주위에서 기원전 5세기로부터 기원 3세기 초의 기둥초석과 기와조각들이 대량으로 발견되었는데 이런 것들은 대규모의 건축군을 형성하며 한나라 시기까지도 계속 개수하면서 사용했다. 곽성 중부 편동쪽에서는 기원전 5세기로부터 기원 3세기 초기의 제철, 동주조, 도기 제조, 뼈 수공예와 돌 수공예 등 수공업 작업장 유적이 발견되었는데 삽전령(揷箭嶺), 조미지(照眉池), 소장루(梳粧樓), 주전로(鑄箭爐) 등 유적은 지금까지 남아 있다.

1961년에 조왕성은 전국중점보호문화재로 지정되었다.

한단성벽과 종대(從臺)

보정 성벽 保定城

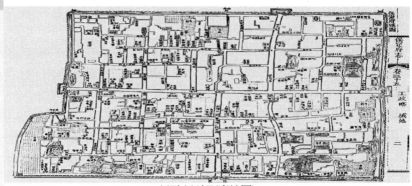

보정 부성도(府城圖)

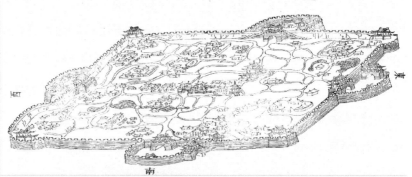

1966년의 『중수보정지(重修保定誌)』

화북평원 중부에 있는 보정은 예로부터 '경성 주위의 군사요충지', '수도의 남대문'으로 지명 역시 '대도(즉 원대도로 북경을 가리킴)의 안정을 영원히 수호한다'는 의미에서 지어진 것이다.

일찍 보정에서 언제 성을 쌓았는지 문헌에 기재된 바는 없지만 기원 992년에 지보주(知保州) 이계선(李繼宣)이 성을 쌓았다고 전해지고 있다. 1003년 7월에 막주莫州 단련사(團練使) (단련사는 당나라 때의 군사관직이다.) 양연랑(楊延朗)이 보주 성지를 수축했는데 둘레길이는 6리 69보, 높이는 3장, 폭은 2장이고 해자의 깊이는 8장, 폭은 4장이었다. 보정이 송료 변경에 있는 관계로 송나라와 요나라는 이 곳에서 여러 차례 전쟁을 진행했으며 13세기 초 보정성은 전란 속에서 폐허로 되었다. 1227

년 봄에 원나라 대장군 장유(張柔)가 진(鎭)을 보주에 이전하고 토성을 쌓고 기관을 설치했는데 규모는 알 수 없다.

1402년에 도독 맹선(孟善)이 성벽을 더 튼튼하게 보수하고 토성 일부를 전성으로 개축했는데 성은 방형 모양으로 둘레 길이는 4850보 즉 총 12리 330보였고 높이는 3.5장, 윗부분의 너비는 1.5장, 아랫부분의 너비는 3.5장이였으며 성문은 네 개 설치되었다. 1567년부터 1572년 사이에 장열문(張烈文) 등 역임 지부 셋이 토성을 전부 전성으로 중건하고 성루를 증축했다. 1644년 이후부터 성벽 옛 터는 줄곧 그대로 사용되었으며 1872년에 총독 이홍장(李鴻章)이 성을 중수했다. 1900년에 영국, 프랑스, 독일, 이딸리아 연합군이 보정을 침략하면서 성루와 각루를 불태웠다.

1912년 이후 성내의 서남 모퉁이에는 하북성 제4감옥이 설치되어 있었는데 효과적인 감시와 통제를 위해 약 200m되는 무너진 남쪽 성벽 구간을 중수했다.

1949년 전까지 고성벽과 남성문의 정루(正樓)는 거의 완정하게 보존되었고 동, 서, 북 세 개 성문의 정루는 각각 단층으로 된 공간 하나 씩만 남았다. 1950년에 시내교통 발달을 위해 문 네개와 옹성을 철거하고 1952년부터 1954년 사이에는 동, 남, 북쪽 성벽을 육속 철거했으며 1956년에는 서쪽 성벽을 철거했다.

현재 보정은 남쪽 성벽 유적 한 구간만 남아 있는데 환성남로 서쪽 구간에 위치해 있으며 잔존 길이는 545m이고 윗부분의 너비는 10m, 아랫부분의 너비는 13m이며 높이는 7m이다. 그 중 구형 모양의 돈대는 아직도 천위중로(天威中路) 동물원 북쪽에 남아 있다.

1984년 6월에 보정성 잔존 유적은 시급보호문화재로 지정되었다.

1935년 봄의 보정성벽

1937년 9월 24일 보정성을 침입한 중국
침략 일본군

응규루(應奎樓)의 옛모습

보정성 동문과 외옹성

1937년 9월 24일 보정 북쪽 성벽 밖에 있는 중국 침략 일본군

제4화 화북지역 하북성　189

서고보 성벽 西古堡城

서고보 안내도

하북성 장가구시(張家口市) 울현(蔚縣) 난천진(暖泉鎭) 내에 있는 서고보는 울현 현성에서 12.4km떨어져 있는데 옛 울주의 수많은 성벽들 중("八百庄堡"란 것은 마을 이 있는 곳마다 성보가 있다는 뜻으로 성벽이 아주 많음을 의미한다.)가장 독특하고 가장 완정하게 보존된 성으로 된다.

성보는 기원 1522년부터 1566년 사이에 축조되었으며 외성문과 옹성 내의 건축은 1644년부터 1661년 사이에 증축되었다. 성보 평면은 방형에 가까운데 남북 길이는 221m, 동서 너비는 232m이며 높이는 8-10m이고 밑부분의 너비는 6-8m, 윗부분의 너비는 2-4m이다. 성보는 흙을 달구질해서 수축했는데 중요한 곳은 높이와 너비를 더 했고 외부는 벽돌을 쌓았다. 성문은 남북으로 두 개 설치하고 성문 밖에는 옹성을 쌓았는데 옹성의 형태와 구조는 남다른 풍격을 가지고 있었다.

남북 옹성은 평면이 정방형 모양인데 변의 길이는 약 50m이며 전체 성보는 외형이 가운데 '중(中)'자 형으로 되어 있어 당지인들은 '호포두(虎抱頭)' (즉 호랑이가 머리를 감싸 쥐는 모양)라고 했다. 옹성은 담의 높이가 10m 가까이 되었고 전부 동쪽으로 입구를 냈으며 높이가 8m남짓한 벽돌아치형 구조의 성보문을 하나씩 설치했다. 남옹성 동성문(東城門)의 벽돌아치형 구조는 높이가 8여m 로 아치형 문동(門洞) 외부 상측에는 음각(陰刻) 해서체(楷書)로 쓴 '영성문(永盛門) 서고보(西古堡)'란 석편이 있는데 연대는 '강희 19년(1680년)'으로 되어 있으며 북보문(北堡門)의 글은 이미 판독이 불가능하다.

　북옹성은 형태와 크기가 대체로 남옹성과 같으며 내, 외성문과 각 문루는 비교적 잘 보존되어 있다. 원래 이 곳에는 묘우군(廟宇群)이 있었는데 삼원묘(三元廟), 구천각(九天閣)등 건축은 일찍이 훼손되었고 현재 성보북문, 북성루(北城楼) 즉 영후묘(靈侯廟), 옹성 담벽과 옹성동문만 남아 있다.

　서고보는 1993년에 하북성 중점보호문화재로, 2006년에는 전국중점보호문화재로 지정되었다.

서고보 진북문(鎭北門)

울현(蔚縣) 서고보의 영성문(永盛門)

宣化城

선화 성벽

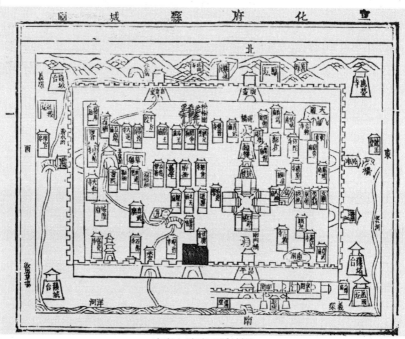

선화부 현성도(縣城圖)

하북성 북부 장가구시 선화구(宣化區)에 위치한 선화성은 예로부터 '경성의 요충지', '수도의 보호벽'이라 불리는 이름난 군사적 요충지이다.

선화는 당무종 재위시기인 기원 814년부터 846년 사이에 성을 쌓기 시작했으며 당시의 성보는 낮은 토축이었다고 전해지고 있다. 이 성터는 13세기 후기로부터 14세기 중기까지 줄곧 선덕부성(宣德府城)으로 사용되었다.

1394년에 곡왕(穀王) 주혜진(朱橞鎭)이 선화를 수호하던 중 옛 토성 성터에 새로 성을 확대하여 수축할 것을 명했다. 새 성은 둘레 길이가 24리 남짓했고 성문은 일곱 개였으며 남쪽에는 길이 4리, 높이 2.4장, 너비 약 2장 되는 관문을 하나 쌓았다. 1424년에 명나라 정부에서 변방을 정비하면서 선화성을 진일보 확대하여 수축했고 1440년에 도이사(都御使) 니헝신(羅亨信)이 성을 대규모로 보수하면서 벽체 외측에 벽돌을 쌓았다. 보수를 거친 후 선화성은 정방형 모양으로 둘레길이 24리에 변의 길이는 6리 13보였으며 밑부분의 너비는 4.5장, 윗부분의 너비는 1.7장이였다. 1633년에 선화성 외곽 담을 개수했다.

1676년에 직예순무(直隷巡撫) 김세덕(金世德)이 황제에게 상소하여 성을 중수한 이후 1699년에는 지현 주덕용(周德榮)이 성을 보수했고 1707년에는 지현 진원(陳垣)이 성을 중수했다. 1880년의 성 중수는 총병 왕가승(王可昇)의 제안으로 기부금이 마련되었다.

1912년 후 선화성은 오랫동안 보수를 하지 않아 성벽 많은 구간이 훼손되고 성돌은 도둑을 맞았으며 심지어 부분적인 구간은 헐리어 통로가 나졌다.

20세기 80년대 이후 문화재 연구소의 조사에서 선화성은 길이가 총 12120m로 확인되었는데 동서 길이는 2960m였고 남북길이는 3100m였다. 성벽은 총 17곳이 헐려 길이 나졌고 보존된 돌담은 2500m밖에 되지 않았다. 그 중 북쪽 성벽의 북문 이서와 서쪽 성벽의 서문 이북은 보존상태가 좋았으며 나머지는 전부 토담이였다.

1982년에 선화성은 전국중점보호문화재로 지정되었다.

공극루(拱極樓)

대신문(大新門)과 서문성루

각루

청원루(淸遠樓)

복원과 보수를 마친 고성벽

복원전의 고성벽

제4화 화북지역 하북성　195

원중도성지 성벽

元中都城

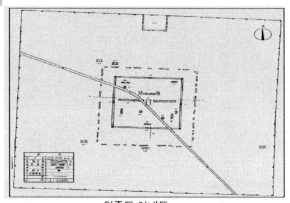

원중도 안내도

원중도성지는 하북성 장북현(張北縣) 만두영향(饅頭營鄉) 백성자촌(白城子村)에서 서남쪽으로 1km, 장북현성에서는 북쪽으로 50km떨어져 있다.

원중도는 기원 1271년부터 1368년 사이에 원나라가 축조한 네번째 도성으로 원대도, 원상도와 함께 유명한 도성으로 알려지고 있다. 원중도는 원무종(元武宗) 해산(海山)이 기원 1307년에 쌓기 시작해 이듬해에 공사가 마무리되었으며 이름을 중도라고 했다. 그 후에도 성은 끊임없이 증축되었으나 1311년에 무종이 세상뜨고 인종(仁宗)이 즉위하면서 중도는 도성이 아닌 행궁으로 사용되었고 그 후의 영종(英宗), 태정제(泰定帝), 천순제(天順帝), 문종(文宗) 등 황제들도 원중도에서 순행(巡幸), 의정(議政), 법사(佛事) 등을 진행했다. 1358년에 원중도는 홍건군에 의해 소각되었다.

원중도성 유적은 외성, 황성, 궁성 세 겹으로 이루어져 있는데 궁성은 황성 중부 편북쪽에 있으며 황성은 외성 중부 편북쪽에 있다. 궁성은 장방형 모양으로 남북 방향으로 놓여 있는데 담의 보존상태가 좋으며 남북 길이는 620m, 동서 너비는 560m이고 성 기반의 너비는 12m이다. 지상부분의 잔존 높이는 3-4m이고 동서남북으로 성문을 각각 하나씩 설치했으며 성문의 너비는 약 8-10m이다. 궁성 네 모퉁이에는 '삼출궐(三出闕)'각루를 쌓았는데 잔존 높이는 5m이고 옹성은 따로 설치하지 않았다. 남문은 '양궐삼관삼문도식(兩闕三觀三門道式)'건축으로 동, 서, 남 세 모퉁이에는 모두 가늘고 긴 푸른 빛깔의 응회암으로 수로를 만들었다.

황성은 남북으로 장방형 모양으로 되어 있는데 황토를 달구질해서 수축했고 길이는 약 910m, 너비는 약 755m, 잔존 높이는 1m 가량 된다. 황성의 동, 북, 서쪽 면과 궁성 성벽은 120m 떨어져 있고 남쪽 면은 210m 떨어져 있다. 흙길이 나 있어 문지(門址)를 알 수 없는 서쪽 성벽의 담을 제외하면 동, 남, 북쪽 성벽의 담은 모두 각자의 문지를 가지고 있다.

외성은 남북으로 장방형 모양으로 되어 있는데 둘레 길이는 11800m이고 흙을 달구질해 수축했다. 외성 서쪽 담은 흔적을 찾을 수 없고 동쪽 담과 북쪽 담은 이어진 토롱(土壟)을 찾아 볼 수 있으며 남쪽 담은 형태가 비교적 뚜렷

원중도 궁성 남성벽 잔존부분

원중도 궁성 동남쪽 각대

한데 잔존 길이는 약 200m이고, 높이는 약 1m이며 벽체는 흙을 달구질해서 수축했다. 외성의 동쪽, 북쪽, 남쪽 담은 황성과 각각 약 1050m, 590m, 1570m 떨어져 있는데 황성과 외성에서는 모두 건축 기지가 발견되었다.

1999년에 원중도유적은 전국 10대 고고학 신발견에 속했고 2001년에는 전국중점보호문화재로 지정되었다.

원중도유적 조감도

잔존 높이가 6m인 원중도의 궁성 성벽

정정 성벽 正定城

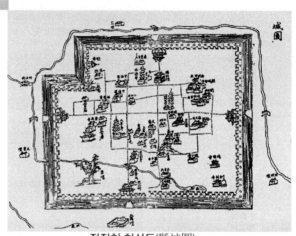

정정현 현성도(縣城圖)

하북성 서남부에 있는 정정은 예로부터 '연남(燕南)의 옛 도읍, 수도의 병풍'으로 북경, 보정과 함께 '북방의 세 요충지'로 되고 있다.

정정은 기원전 206년 이후에 성을 쌓기 시작했으며 토성은 현치 남쪽에서 8리 떨어진 곳에 있었는데 동원고성(東垣故城)이라 불렸고 형태와 규모는 고증된 바가 없다. 문헌에는 상세하게 기재된 바 없지만 기원 3세기 이후에 상산군(常山郡)을 정정(正定)으로 옮기면서 석성을 쌓았고 기원 557년부터 581년 사이에 증축했으나 762년에 거타하(濾沱河)가 범람하면서 성이 물에 잠겨 무너지게 되었다. 하여 성덕군(成德軍) 절도사 이보신(李宝臣)이 성지를 확대하여 수축하면서 토성으로 개축했는데 평면은 오목할 '요(凹)'자 형으로 되어 있었다. 960년부터 1368년 사이에도 성지 수즙은 여러 차례 있었으나 석성으로 개축되지는 않았으며 1571년에 이르러서야 지현 고수(顾绶)가 벽돌과 돌로 성을 쌓게 되는데 성은 '관모' 모양으로 둘레 길이는 24리였고 높이는 3.2장이었으며 윗부분의 너비는 2.5장, 성문 네 개에는 모두 옹성을 쌓고 1686년에 성을 중수했다.

1900년에는 경한(京漢)[노구교에서 한구에 이르는 구간의 철도를 가리킨다.]철도

정정성벽 서남모퉁이의 마도

개통과 함께 서북 각루와 북문 사이에 화안문(華安門)(소북문이라 속칭)을 더 설치했고 1937년부터 1945년 사이에는 중국 침략 일본군이 남성의 안쪽 문과 바깥 문 사이의 성벽에 시멘트블록으로 군사 방어시설을 만들었다.

1949년에 장개석 부대의 돌연 습격을 방지하기 위해 정부에서는 주민을 동원하여 성 동쪽과 북쪽을 헐어 통로를 만들었으며 1966년부터 1976년 사이에는 주민들이 성을 쌓았던 흙과 벽돌을 가옥과 돼지축사 건설에 남용했다. 2000년에 현정부에서 고성벽 벽돌을 반환할 것을 호소하였고 399만 위안을 투자하여 남성문 성루 그리고 성루 양측 100m구간을 복원했다.

현재 정정성은 문루와 각루, 여장은 전혀 찾아볼 수 없고 대부분의 외피는 벽돌이 떨어지고 없으며 토축 형태의 구조만 간신히 알 수 있을 뿐이다. 동성문은 국방시설공사로 철근콘크리트 밑에 깔렸고 남문은 안쪽 성문과 옹성문만 남아 있는데 안쪽 성문 외측의 아치형부분에는 '삼관웅진(三關雄鎭)'이라 새겨진 석패가 그대로 있다. 이외에도 서성문, 북성문, 서남각루에는 마도가 남아 있으며 동쪽 성벽에는 비교적 완정한 상태의 배수로가 남아 있다.

1993년에 정정성 유적은 성급보호문화재로 지정되었다.

남옹성 성벽과 성문

남성문 바깥쪽 아치형 상단부
의 돌편액

남성벽 외측 서쪽구간의 망대

동성벽 중간 내측에 설치된 배
수구

1937년 10월 9일, 정정성(正定城) 북문을 통과하는 중국침략일본군

1937년 10월 5일, 중국침략 일본군이 남하하여 정정과 석가장을 진공. 사진은 신락현(新樂縣) 성문을 통과하는 모습.

1937년 10월 9일 정정성 서문을 지나는 중국침략일본군

탁주 성벽

涿州城

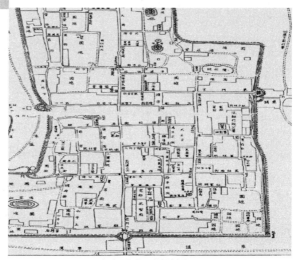

탁현 현성도(縣城圖)

　탁주는 화북평원 서북부, 북경 서남부에 있으며 수도의 남대문으로 일컬어지고 있다. 역사가 깊은 탁주고성은 문헌기록은 찾아볼 수 있지만 정확한 축조 시간은 지금껏 확인되지 않고 있다. 탁주고성은 토성으로 되어 있는데 둘레 길이는 9리 59보로 총 1649여 장이고 높이는 3장, 밑부분의 너비는 24척, 윗부분의 너비는 16척, 치첩 2199개에 성문은 네 개 설치되었으며 성호의 너비는 2장이다.

　기원 1450년에 지주 황형(黃衡)이 벽돌로 성을 개수했는데 둘레 길이는 1830장이였고 높이는 40척, 밑부분의 너비는 48척이였으며 성문 네 개에는 모두 성루를 쌓았다. 1465년에 지주 석단(石端)이 성을 중수했으며 1545년에 지주 하빈(何鑌)이 협성을 쌓고 1667년에 지주 이훈(李勛)이 탁주성을 중수했는데 둘레 길이, 높이, 너비는 모두 옛 성과 동일했고 동, 서, 북문은 옹성을 세 겹으로 남문은 옹성을 두 겹으로 쌓았다. 성은 동북쪽이 오목하게 들어가고 서남쪽이 돌출된 오목할'요(凹)'자 형으로 되어 있었고 모양 또한 소가 엎디어 있는 듯했으므로 '와우성(臥牛城)'이라고도 불렀다.

20세기 중엽 탁주성 부감도

1927년에 진수군(晉綏軍)과 동북군은 이곳에서 치열한 성 쟁탈전을 벌였는데 대포와 탱크의 폭격 속에서 부작의(傅作義) 부대는 성벽에 의지하여 3개월을 굳게 버텼다. 동, 서, 남문 성루는 포화에 폐허가 되었고 북문 성루도 처참하게 훼손되었으며 성벽도 많은 구간이 무너졌다.

현재 탁주성 유적은 하북성 탁주시 시내의 범양로(範陽路) 이북, 북관화양공원(北關華陽公園) 이남, 성서북가(城西北街) 동쪽에 위치해 있다. 2005년 7월, 탁주시 문화재 연구소의 조사에서 탁주 고성벽은 잔존 길이 총 1038.5m, 너비 0.3m-21.4m, 높이 0.5m-12.7m로 확인되었다. 그 중에서 지금의 화양공원 남쪽의 북쪽 성벽은 서쪽에서 동쪽으로 107번 국도에서 소정가(小頂街) 부근까지 152m 잔존해 있었고, 서쪽 성벽은 북쪽에서 남쪽으로 화양공원에서 화양로(華陽路)에 이르는 786.5m구간과 상업기계공장 쪽 100 m 구간이 잔존해 있었다. 1992년에 탁주성 성지는 시급보호문화재로 지정되었다.

1937년 7월 18일 중국 침략 일본군 도야마(遠山)부대가 탁주성에 침입

大同城

대동 성벽

벽

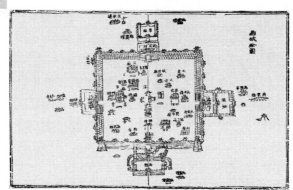

대동부성도(府城圖)

산서성 북부 대동분지 중심, 황토고원 동북 변두리에 있는 대동은 1982년에 중국 역사문화명성으로 지정되었다.

기원 1372년에 대장군 서달(徐達)이 옛 토성 남쪽 부분을 기초로 둘레 길이가 13리, 높이가 4.2장 되도록 성벽을 대거 증축했는데 돌로 성 기반을 다지고 외벽은 벽돌을 쌓았다. 성문은 네 개를 설치하고 성문마다 성루를 쌓았으며 성문 밖에는 옹성을 쌓았다.

1450년부터 1456년 사이에 순무도어사(巡撫都御使) 연부(年富)가 대동 주성벽을 기초로 부성(府城) 북쪽에 소성(小城)을 쌓았는데 둘레길이는 6리였고 높이는 3장 8척이었다. 연부(年富)에 이어 순무 한옹(韓雍)이 1457년부터 1464년 사이에 동소성(東小城)(성문은 세 개)과 남소성(南小城)(성문은 네 개)을 쌓았는데 둘레길이는 모두 5리였고 해자의 깊이는 1.5장이었다. 1600년에 총병(總兵)(명청(明淸) 시대, 군대를 통솔하고 한 지방을 지키는 벼슬.] 곽호(郭琥)가 성을 개수하면서 벽돌로 여장을 쌓았다.

17세기 중후기에 내동성은 짧은 시간 내에 건치가 변경되면서 훼손된 성벽에 대

신축된 대동성벽 성루

한 보수를 미처 진행할 수 없었다. 1652년에 부현(府縣)이 대동으로 이전하면서 성을 중수하기 시작했는데 1747년에 지현 사정유(謝廷俞)가 성 개수를 신청하여 비준을 받고 대성(大城), 남소성(南小城), 북소성(北小城)에 대한 대규모의 중수를 진행했다. 그 후 대동성은 역임 지방관리들에 의해 정도 부동한 보수가 여러 차례 이루어졌는데 일부는 향신(乡绅)들의 기부로 진행되었다.

1912년 이후에 대동성벽은 큰 규모의 보수가 없었으나 성벽 전체는 보존상태가 우수했고 1949년 이후에 와서 성벽의 많은 구간이 철거되면서 성을 쌓았던 벽돌도 다른 용도로 사용되었다.

21세기 초 당지 문화재연구소의 조사에서 대동성은 개별 구간을 제외하고는 모두 심각하게 훼손되어 잔존 성벽 길이는 원래의 70%밖에 되지 않았고 성벽 유적은 여전히 뚜렷하게 확인할 수 있었다. 지표에는 성벽 잔존 구간만 남아 있었는데 오늘의 조장성(操場城)에 위치한 성벽 구간은 기반의 너비가 약 3m이고 잔존 높이는 6-8m이며 벽체는 흙을 달구질해 수축되었는데 달구질한 층의 두께는 0.15-0.20m였다.

2008년부터 지방정부에서는 대동 부분적인 성벽에 대한 보수와 복건을 진행했다.

1981년에 대동부성(大同府城)은 시급보호 문화재로 지정되었다.

신축된 성꼭대기 보도와 망대

20세기 30년대 훼손된 대동
성 성벽 구간

20세기 30년대 대동성 성루
위에서 본 성내

2010년 대동성 동성벽 복원
기념비

대동성벽 유적

1937년9월 14일, 중국 침략 일본군이 대동을 점령. 사진은 일본군이 말을 타고 대동성 북문을 통과하는 모습.

20세기 30년대 산서 대동고성문

장벽고보 성벽

張壁古堡城

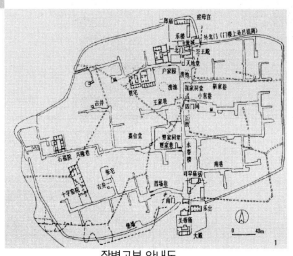

장벽고보 안내도

　산서성 개휴시(介休市) 시가지에서 동남쪽으로 10km 떨어진 용봉향(龍鳳鄉) 장벽촌(張壁村)에 있는 장벽고보는 군사, 주거, 생산, 종교생활을 한몸에 담은 지금까지 완벽하게 보존되어 있는 고대 시골 성채이다.

　장벽고보의 건축연대에 관해서는 학자들마다 의견이 다르다. 전해지는 말에 의하면 기원 7세기 초에 유무주(劉武周)의 편장(偏將) 위지공(尉遲恭)이 장벽을 수비하는 과정에 쌓은 것이라고 하는데 겉은 하나의 성채같이 보이지만 지하로는 땅굴이 깔려 있다. 14세기 중후기에 와서 명성과 덕망이 높은 당지 장(張)씨, 가(賈)씨, 왕(王)씨, 근(靳)씨 가족들이 장벽고보를 중건했다.

　장벽고보는 장방형 모양으로 탁상(卓狀) 고원(高原) 지세를 따라 남쪽은 높고 북쪽은 낮게 수축되었는데 동서길이는 374m이고 남북 너비는 244m이며 남, 동, 북 세 면의 길이는 약 1300m이다. 성채 벽은 흙을 달구질해서 수축했는데 두께는 약 3m이고 높이는 약 10m이다. 서쪽 벽체와 도랑 벽은 하나로 연결되었는데 높이는 수십 장에 달하며 성문은 남북으로 두 개 설치했다.

　성채는 지하가 상, 중, 하 삼중 구조로 되어 있는데 전후, 상하로 땅굴이 얼기설기

장벽고보의 성벽 내측

피어 있어 통로가 사통팔달하다. 총 길이는 근 10km인데 윗층 땅굴은 깊이가 지면으로부터 2m도 안되고 중간층 땅굴은 지면에서 8-10m, 아랫층 땅굴은 지면에서 20여m 떨어졌다. 매 층의 땅굴은 높이가 2m, 너비가 1.5m이며 벽에는 부동한 간격으로 작은 구덩이들을 파서 등잔불을 놓을 수 있게 했다.

윗층과 중간층은 적을 방지하기 위해 장애물을 설치하거나 좁고 험한 길목을 만들었고 수문구나 함정도 설치했으며 아랫층은 둔병동, 식량창고와 마구간을 두었다. 땅굴에서 밖으로 뚫린 통풍구는 출구를 묘우, 주택, 마을밖 등등 다양한 곳으로 냈다. 성채에는 우물이 여섯 개 있고 또 우물마다 벽에 구멍이 나있는데 구멍으로는 물통을 밧줄에 매서 땅굴에 있는 사람과 동물이 길어 마실 수 있게 했다.

2006년에 장벽고보는 전국중점보호문화재로 지정되었다.

장벽고보 외측

태원부 성벽

太原府城

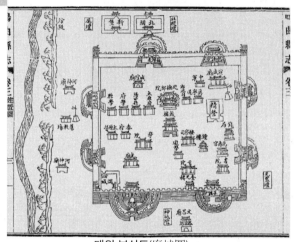

태원 부성도(府城圖)

태원(부)성은 병(竝)이라고 약칭되는데 옛날에는 진양(晉陽)이라고 불렀으며 '네 개 요새를 연결하는 교통요충지, 다섯 개 평원을 제어하는 도시'로 이름나고 있다. 태원은 2011년에 중국역사문화명성으로 지정되었다.

태원부성은 기원 7세기부터 10세기 사이의 명진(明鎭)을 기초로 건설되었다. 기원 979년에 송태종이 정권을 분할하려는 북한(北漢) 유씨를 평정하면서 태원 고성이 폐허가 되어 주치(州治)를 유차(楡次)로 옮기고 982년에 다시 명진(후에는 '회성(會城)'이라 함)으로 옮겨 왔다.

1376년에 영평후(永平侯) 사성(謝成)이 구성의 동, 남, 북쪽을 확대하여 태원부성을 수축했는데 둘레길이는 24리였고 높이는 3.5장이였으며 외벽은 돌과 벽돌을 쌓아 견고성을 더했다. 성문은 여덟 개를 설치하고 성문마다 옹성을 쌓았으며 성밖에는 깊이가 3장이나 되는 해자를 파서 성을 보호했다. 1565년에 태원부성은 오랫동안 보수를 하지 않아 성벽이 절반이상 무너졌는데 순무 만공(萬恭)이 성벽, 성루와 망대를 중축했다.

1644년에 남관성루(南關城樓)와 동남 각루가 전쟁으로 불에 탔는데 1650년에 순

20세기 30년대 멀리 보이는 태원성루

무 유굉우(劉宏遇)가 성을 중수하고 벽돌로 성루를 쌓았다. 그 후 태원부성은 자주 훼손되기는 했으나 지방관리들의 관심으로 제때에 수즙되었다. 일례로 1851년 8-9월 사이에 동남 성루가 큰 불에 훼손되었는데 1887년에 순무가 성루를 중수했다.

1949년 4월에 태원 성벽은 전쟁 폭격으로 많은 곳이 무너지고 갈라졌으며 1951년 이후에는 도시 건설을 위해 성벽을 철거하기 시작했다. 하지만 1960년부터 삼년간 이어진 자연재해로 철거가 잠시 중단되면서 서북쪽 성벽 구간이 요행 살아남을 수 있게 되었다.

20세기 80년대 이후 문화재연구소의 조사에서 태원부성은 대부분 헐리고 북쪽 공극문(拱極門)의 성문 대기(台基)(성루는 이미 허물어짐)와 양측 성벽만 남아 있었는데 공극문의 높이는 4.5-5.5m였고 너비는 7m였으며 앞쪽에서 뒷쪽까지의 길이는 약 22m였다. 2003년에는 소북문을 중수하고 성루를 중건했다.

2000년에 공극문(拱極門)은 시급보호 문화재로 지정되었다.

20세기 30년대의 태원성벽과 해자

신축된 공극문(拱極門) 성루

보수를 마친 성벽과 환경정비가 끝난 성밖

1937년 10월, 이른 아침에 태원고성을
나서서 적진으로 향하는 중국군대.

태원성 동문

태원성 남문

1937년 11월 19일 일본군에 의해 점령된 태원성 수의문(首義門) 성루

1937년 11월 6일 태원성 성벽을 오르며 공격하고 있는 일본군 가야시마(萱島)부대

太原県城
태원현 성벽

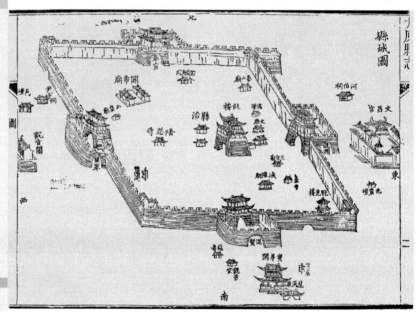

태원 현성도(縣城圖)

　태원시 진원구(晉源區) 진원가(晉源街) 동사무소에 위치한 태원현성은 역사적으로 일부 제왕이 탄생했거나 도읍으로 정해졌거나 정권이 세워졌던 곳으로 그야말로 '유구한 역사를 자랑하는 도회지'이다.

　기원 14세기 60년대 말에 현치가 세워졌지만 성지는 옛날의 진양성(晉陽城) 남관을 그대로 사용했다. 기원 1450년에 지현 유민(劉敏)이 옛 성을 기초로 성을 대규모로 수축했는데 둘레길이 7리에 높이는 3장이었고 성문은 네 개였으며 해자는 깊이가 한 장이었다. 1568년에는 지방 관리들이 성을 개수하면서 높이를 한 장 더 높였고 1641년에는 지현 주만흠(朱萬欽), 향신 이중복(李中馥) 등이 명을 받들어 성을 수즙하면서 토성 외벽을 벽돌로 쌓았기 때문에 태원현성의 첫 전성으로 되었다. (타구도 벽돌로 쌓음) 하지만 공사가 끝나기도 전에 명나라 정권이 멸망하면서 17세기 40년대 초에 시작된 벽돌 포장 공사는 1648년에 이르러서야 지현 고환원(郜

煥元)의 손에서 마쳐질 수 있었다. 1750년에는 지현 양경운(梁卿雲)이 북문 성루 열장을 수리했다.

1912년 후에 태원현성은 오랫동안 보수를 하지 않은 관계로 점차 붕괴되었고 많은 구간은 인위적으로 철거되었다.

문화재연구소의 조사에서 태원현성은 서성문의 옹성과 내성만 남아 있었는데 옹성은 평면이 타원형이었고 성문의 너비는 12-19m였으며 깊이는 약 10m였다. 내성문은 너비가 약 3.8m이고 깊이는 약 7m였으며 높이는 약 8m였다. 그외의 성문들은 모두 훼손되었고 지표면에 남아 있는 성벽 잔존 구간은 길이가 약 500m였다.

2000년에 태원현성 성벽 유적은 구(현)급보호문화재로 지정되었다.

대규모 보수 중인 진양(晋陽)고성벽 유적

평요 성벽

平遙城

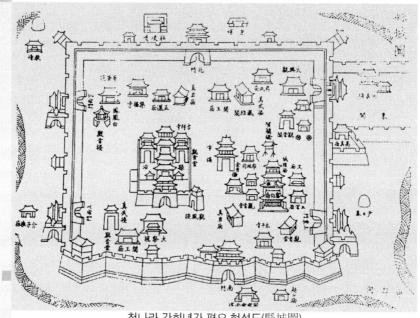

청나라 강희년간 평요 현성도(縣城圖)

산서성 중부 분하(汾河) 동안에 위치한 평요는 '고도(古陶)', '평도(平陶)'라고도 하며1986년에는 중국역사문화명성으로, 1997년에는 유네스코 세계문화유산으로 지정되었다.

평요 경내에는 일찍 성을 건설했는데 전해지는 말에 의하면 기원전 827년부터 기원전 782년 사이에 대신 윤길보(尹吉甫)가 험윤(玁狁)을 정벌하면서 경릉성(京陵城)을 쌓았다고 한다. 기원전 3세기 말부터 기원 3세기 초에는 성 이름을 평도성(平陶城)으로 고쳤다.

기원 1370년에 지방 관원들이 평요성을 대규모로 확대하여 중축하면서 성문은 여섯 개를 설치했고 1450년에는 또 현성을 중수했다. 1509년에 지현 전등(田鐙)이 하동문(下東門) 옹성을 보수하고 부곽(附郭) 관성(關城) 한 면을 쌓았으며 1575년에는 지현 맹일맥(孟一脈)이 성을 개수하면서 외벽을 벽돌로 쌓아 전성을 만들었다.

성 개수 과정에 맹일맥은 이임되었고 지현 후임으로 동구인(董九仞)이 공사를 책임지고 마쳤다.

1684년에 장마가 지속되면서 평요성의 일부가 무너지거나 훼손되었는데 지현 황여옥(黃汝鈺)이 훼손 구간 25장과 타구 123개를 보수했다. 그 후에도 여러 차례의 보수가 있었고 1850년에는 지현 유서(劉敍)가 성을 대규모로 개수했는데 7년이란 시간 끝에 공사가 완공되었다. 그 때로부터 20세기 초까지 평요성은 보존상태가 비교적 좋았다. 하지만 1937년부터 1945년 사이에 중국 침략 일본군 전쟁으로 성문루와 망루를 철거하고 재료를 포루 수축에 사용했으며 또 성벽에 기관총 구멍과 엄폐호를 만들면서 일부 구간이 훼손되었다. 1949년 이후에는 도시 건설로 부곽 관성마저 철거했고 1966년부터 1976년 사이에는 파괴가 아주 극심했다.

20세기 80년대 이후에 와서 국가 및 지방정부의 관심에 힘입어 평요성은 대규모의 보수를 여러 차례 진행했으며 현재 총 길이는 6162.68m에 달한다.

1965년에 평요성은 성급보호문화재로, 1988년에는 전국중점보호문화재로 지정되었다.

복원된 평요성 북문

평요고성벽

평요고성과 성루

사진으로 보는중국 고대 성벽

평요고성벽 내측

외벽을 벽돌로 둘러쌓은 축조
형태

흔주 성벽

忻州城

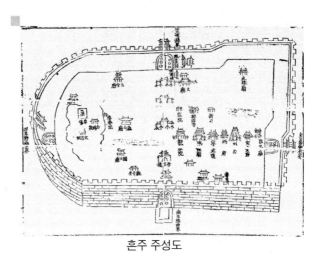

흔주 주성도

산서성 태원시 북부에 있는 흔주는 '흔(忻)'이라 약칭되며 '흔(欣)'이란 별칭을 가지고 있는데 줄곧 '산서 북부 지역의 요충지'로 되어 있다.

흔주는 비교적 일찍 축성을 했는데 기원 3세기 초에 처음으로 쌓은 성은 역대로 줄곧 사용되었다. 7세기부터 13세기 중후기 사이에는 성을 여러 차례 확대하여 쌓았는데 둘레 길이는 9리 12보였고 높이는 2.5장, 해자의 깊이는 1.7장이었다.

기원 1370년에 지주 종우량(鍾友諒)이 성을 중수했고 1537년에 지주 이용중(李用中)이 성을 더 튼튼하게 보수했는데 1596년에는 순무 위윤정(魏允貞)이 돌과 벽돌로 흔주성을 개축하면서 외벽은 벽돌을 쌓아 두께가 7중이나 되었고 성 기반은 8척 정도로 돌을 쌓았다. 둘레 길이는 2190장이 넘었고 높이는 4.2장이였으며 성문은 네 개를 설치하고 성밖에는 외곽을 쌓았다. 그 후 흔주성은 여러 차례 훼손되었으나 제때에 보수를 진행하지 못했다.

1850년에 전 지주 화전(華典)이 심각하게 무너진 성벽 구간을 보수하고 19세기 60년대에는 지주 과제영(戈濟榮)이 처음으로 모금을 건의하여 경내의 향신들과 상인들의 기부로 수성 자금을 해결하게 되었는데 이는 300여 년래 규모가 가장 큰 개수로 된다.

전석을 사용하여 쌓은 성벽 외부와 흙을 달구질해 쌓은 성벽 내부

1912년 후에 혼주성은 대규모의 보수는 없었으나 성은 전체적으로 보존 상태가 비교적 좋았다. 하지만 1949년 이후에 도시 건설로 많은 구간이 헐렸고 20세기 80년대 이후 문화재 연구소의 조사에서 혼주성은 서쪽 성벽 구간 일부와 남쪽과 북쪽 성문과 성루만 확인되었다. 1978년부터 1986년 사이에 혼주성을 여러 차례 보수했으며 현재 남아 있는 성벽의 주체 구조는 14세기 중후기부터 17세기 중기 사이에 축조된 것이다.

2004년에 혼주성은 성급보호문화재로 지정되었다.

높은 지대에 위치한 성벽 잔존구간

벽체가 일부만 남아
있는 전석 성벽

보수를 마친 남문과 성루

옹성문 안에서 본 성루

보수를 마친 북문

성벽 아래의 민가들

1930년대,고산 위에 수축된 오늘의 산서성
흠주시 소속 오대현(五臺縣) 현성

옹성문 안에서 본 성루

요상경 성벽 遼上京城

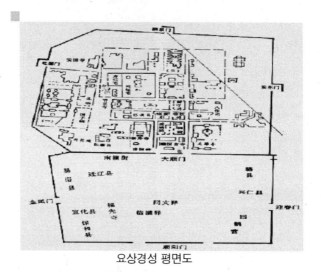

요상경성 평면도

요상경성 유적

내몽골자치구 바린좌기(巴林左旗) 임동진(林東鎭) 동남쪽에 있는 요상경성은 거란족이 중국 북방 초원에 건설한 첫번째 대도시이다.

기원 918년에 예부상서(禮部尙書) 강묵기(康默記)가 야율아보기의 명으로 '서루(西樓)'를 기초로 성을 쌓았는데 926년에 성이 더욱 크게 수축되면서 규모가 광장하고 기세가 웅위로워 요중경의 기본 골격을 이루었다. 요상경은 둘레가 27리이고 평면은 '일(日)'자 형으로 남, 북 두 성으로 나뉘어 지는데 북성은 황성(皇城)이고 남성은 한성(漢城)이다.

황성 즉 북성은 평면이 불규칙적인 육각형을 이루었고 성벽은 흙을 달구질해서

요상경성 유적에서 볼 수 있는 흙을 층층이 달구질한 구조

판축했는데 보존상태가 좋았고 둘레 길이는 6443.6m, 높이는 6~9m였으며 네 면에는 성문 하나 씩 설치하고 밖에는 모두 옹성을 쌓았다.

요중경의 황성 중부에는 궁성(즉 황궁)이 있는데 평면은 장방형 모양이고 남북길이는 약 770m, 동서 너비는 약 740m이다. 성벽은 보존상태가 좀 차하고 대부분 지하에 묻혀 분별에 어려움이 있으며 북쪽 성벽의 일부만 융기되어 있는데 고고학 발굴자료에 대한 검증을 거쳐 요나라 건축임을 확인하였다.

한성 즉 남성은 높이가 2-4m이고 마면과 옹성은 설치되어 있지 않으며 세 면의 길이는 총 4120m이다.(북쪽 성벽 포함 시 둘레길이 총 5721m)

요상경성 꼭대기

요상경 유적은 중국에서 가장 우수하게 보존된 고대 대유적지 중의 하나이다. 20세기 50년대에 요상경 중의 황성이 중점보호구역으로 확정되면서 구역 내에 건설된 가옥 전부를 철거하고 풀밭으로 만들었으며 공사를 일절 금지시켰다. 2003년에는 요상경박물관을 짓고 2004년부터 정식으로 대외로 개방하기 시작했다. 현재 요상경 국가고고학 유적공원이 건설 중에 있으며 '요상경(遼上京)과 요조릉유적(遼祖陵遺址)'을 세계문화유산으로 등록하기 위해 준비하고 있다.

1961년에 요상경유적은 전국중점보호문화재로 지정되었다.

전국중점보호문화재로 지정된 요상경성 유적 보호 표지비

원상도 성벽

元上都城

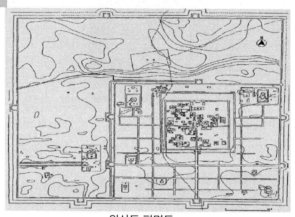

원상도 평면도

원상도는 내몽골자치구 시린궈러멍 남부의 정란치 경내에 있는데 몽골어로는 '조나이만 숨'이라고 하며 '108개의 사원'을 뜻한다. 원상도는 기원 13-14세기에 세계적인 영향력을 가진 국제대도시였다.

기원 1256년에 쿠빌라이는 몽케칸의 뜻을 받들어 책사(謀士) 유병충(劉秉忠)에게 명해 성벽을 수축하게 되는데 정식으로 수도로 정해진 후에는 대규모의 건설을 끊이지 않았다.

원상도는 크게 외성, 황성, 궁성과 성문 밖 거리 네 부분으로 구성된다.

외성 평면은 정방형이고 변의 길이는 2220미터이며 성벽은 전체를 흙을 달구질하는 방법으로 수축했는데 달구질한 층의 두께가 20센치였으며 기반의 너비는 10m, 윗부분의 너비는 2m, 잔존 높이는 3m에서 6m이다. 외성 벽체는 성문을 네 개 설치하고 장방형 모양의 옹성을 쌓았으며 마면, 각루 등 군사시설은 설치하지 않았다.

황성 평면은 정방형에 가까웠고 변의 길이는 약 1400미터였으며 벽체는 황토를 층층이 달구질해서 수축했는데 매층의 두께는 12-14 cm였다. 성벽 안팎 외측은 0.5-0.6m 두께로 돌을 쌓았는데 기저부분의 너비는 12m, 윗부분의 너비는 약 5m

이며 잔존 높이는 6-7m이
다. 황성 동쪽 성벽과 서
쪽 성벽은 대칭되게 성문
을 두 개씩 설치하고 남
쪽 성벽과 북쪽 성벽은
성문을 하나씩 설치했는
데 모두 장방형의 옹성을
쌓았다.

원상도 명덕문(明德門) 유적

궁성 평면은 장방형
모양으로 남북 길이는
605m이고 동서 너비는
542m인데 가늘고 긴 돌로 기초를 다지고 중간은 황토로 층층이 달구질했으며 안팎
외측은 34×19×17 cm 의 내화벽돌을 쌓았다. 현재 남아 있는 성벽의 높이는 약 5m
이고 기저부분의 너비는 10m이며 윗부분의 너비는 약 5m이다.

이외에도 원상도성의 네 면에는 광활한 성문 밖 거리가 있었다.

1359년 1, 2월 사이에 홍건군(紅巾軍)이 상도를 함락하면서 원상도는 심각하게 파
괴되며 1397년에 군사 방위를 위해 성벽을 보수하게 된다. 하지만 1403년 이후에 명
나라는 방위를 위해 성안으로 철거하며 1430년에 개평위(開平衛)가 장성 이내의 독
석구(獨石口)로 이전함에 따라 원상도도 철저히 폐기된다.

1949년 이후 원상도 유적은 효과적인 보호와 관리를 받으며 선후로 자치구급과
국가급 문화재로 지정되었는 바 1988년에는 전국중점보호문화재, 2012년에는 『세
계문화유산명록』에 등재되었다.

원상도 유적

후허하오터 성벽 呼和浩特城

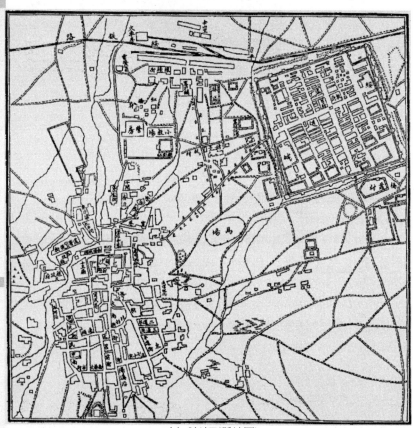

귀수 현성도(縣城圖)

내몽골 중부에 위치한 후허하오터는1986년에 국가역사문화명성으로 지정되었다.

후허하오터성은 구성(舊城)과 신성(新城)으로 이루어 지는데 구성은 기원 1368년부터 1644년 사이에 수축된 귀화성(歸化城)이고 신성은 17세기 중후기에 귀화성 동북쪽에 새로 수축한 수원성(綏遠城)이다.

귀화성(구성)

귀화성은 1572년에 알탄칸이 원대도(元大都)를 모방하여 수축한 성지로 1575년에 완공되었다. 성은 평면이 정방형 모양이고 변의 길이는 약 300m이며 둘레길이는 1200m이다. 성문은 남북으로 각각 하나씩 설치하고 옹성은 따로 쌓지 않았으며 벽체는 흙을 달구질해서 수축했는데 높이는 약 8m였다. 1581년에 알탄칸이 귀화성을 확대하여 수축하고 삼낭자성(三娘子城)이라고 불렀다.

1632년에 청태종이 링단 칸을 패배시킨 후 불을 질러 온 도시를 불바다로 만들었다. 청정부는 17세기 중후기에 폐허로 된 귀화성을 중수하고 1691년에는 동, 남, 서세 면에 외성을 증축했는데 둘레 길이는 약 1900m였고 높이는 7m가까이 되었으며 벽은 흙을 달구질해 쌓았다. 19세기 후기에 이르러 성은 피폐해졌다. 1921년에 귀화성 성벽과 동, 남, 서 성문 세 개가 철거되고 1958년에는 도로 개설과 도로 확장을 위해 북문마저 철거되면서 귀화성벽과 성문은 자취를 감추게 되었다.

수원성(신성)

1737년에 청나라 정부는 귀화성에서 동북쪽으로 2.5km떨어진 곳에 신성을 쌓았는데 건륭황제는 '변강을 위로하고 정세를 안정시킨다'는 뜻에서 수원성이란 이름을 하사했다. 수원성은 정방형 모양으로 둘레 길이 1960장이고 높이는 2장 4척이며 꼭대기 너비는 2장 3척, 밑부분의 폭은 3장 5척이 된다.

수원성은 수축된 후에도 수즙을 여러 차례 거쳤기 때문에 1912년부터 1949년 사이에 보존 상태가 아주 좋았다. 하지만 1951년 이후에 수원 성벽과 성내의 고유 건축은 도시 건설 속에서 육속 철거되고 문 위의 편액도 땅 속에 묻혀 버리고 말았다. 수원 고성 잔존 성벽은 현재 동북 모퉁이 쪽에 부분적으로 남아 있는데 길이는 총 698m이고 마면은 네 개이다. 그 중 동쪽 성벽은 길이가 453m이고 마면이 세 개이며 북쪽 성벽은 길이가 245m이고 마면이 한 개이다.

2006년에 '수원성벽(綏遠城墻)과 장군 관서(將軍衙署)'는 전국중점보호문화재로 지정되었다.

후허하오터 수원
성(綏遠城)의 잔
존 성벽

내몽골 중점문화재로 지정된 후허하오터 수원성(绥远城) 성벽 유적 문화재 보호 표지비

20세기 30년대 말 후허하오터성과 성밖의 물이 마른 해자

20세기 30년대 말 후허하오터성의 외옹성과 주성루

1930년, 오늘의 후허하오터시에 위치한 수원성(綏遠城) 성내의 고루(鼓樓)

1930년에 후허하오터시 수원성(綏遠城) 성벽내에서 본 바깥 모습

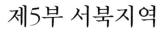

제5부 서북지역

고원 성벽

固原城

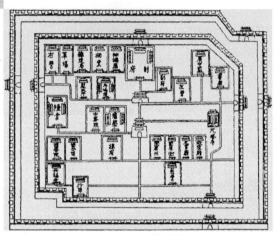

고원 주성도(州城圖)

　　고원은 옛날에 대원(大原), 고평(高平), 숙관(蕭關), 원주(原州)등 이름으로 불렸다. 고원은 영하회족자치구 남부, 실크로드의 북쪽 선로에 있으며 기원 14세기로부터 17세기 중기에 장성을 따라 설치된 아홉 개 진(鎭) 중의 하나이다.

　　기원전 114년에 안정군(安定郡) 설치로 성이 수축되었고 후에 여러 차례 수즙을 진행했다. 기원 766년에 토번이 원주를 함락하고 성을 헐어 버렸으며 787년에 성을 개수했다. 995년에 송나라 장군 이계융(李繼隆)이 여경사(如京使) 호수징(胡守澄)에게 명해 성을 수즙했는데 둘레길이는 9리 7분이었고 수즙 후 성을 진융군성(鎭戎軍城)이라 불렀다. 1219년에 이르러 한차례의 지진으로 성벽이 심각하게 붕괴되었는데 이듬해에 복원되었다.

　　1450년에 몽골이 고원 경내를 침입하여 섬서 원마사(苑馬寺) 장락감(長樂監) 감정(監正)이 성을 복원했다. 1502년에 삼변총독(三邊総督) 진굉(秦紘)이 성을 대규모로 개수하면서 외관성을 증축해 둘레 길이는 20리였고 높이는 3.6장, 기반의 너비는 4장, 꼭대기 너비는 2.3장이었으며 성벽 네 면에는 성문을 각기 하나 씩 설치했다. 1575년에 삼변총독 석모화(石茂華)가 토축 성벽은 장기간의 보존이 어렵다고 생각하여 외성의 길이를 7리 줄이고 벽돌로 성을 개수했는데 높이는 3장 6척, 둘레 길이는 13리 7분이었으며 이로부터 고원성은 군사요충지로 부상하게 되었다.

1710년에 진수(鎭綏) 장군 반육룡(潘育龍)이 성을 대규모로 수즙하고 크고 작은 성루 24개를 보수한 이후 1906년에 고원 제독(提督) 장행지(張行志), 지주 왕학이(王學伊)가 훼손된 성벽 구간을 보수했다.

1920년에 8.5 규모의 강진이 일어나 고원성 내성벽 대부분이 기울고 무너졌는데 후에 여러 차례 수즙을 거쳤지만 치첩, 성가퀴 등은 여전히 무너진 곳이 많았다.

1972년에는 전쟁준비를 위해 성벽 대부분을 철거하면서 성을 쌓았던 벽돌은 방공호 건설에 사용했다.

20세기 80년대 이후 문화재 연구소의 조사에서 고원성 내성벽은 오늘의 서호공원(西湖公園) 내에 위치한 서남 모퉁이 한 구간만 확인되었는데 길이는 약 500m이고 높이는 4m~12m였다. 외성벽 역시 서북 모퉁이 한 구간만 확인되었는데 길이는 약 1000m였고 보존상태가 완정했다.

2013년에 고원고성 유적은 전국중점보호문화재로 지정되었다.

보수된 화평문(和平門)

고원성 정삭문
(靖朔門)

고원성벽 마면에 얼기설기
갈라진 틈

고원 성벽 내부 구조

고원성벽의 일부 단층면

붕궤된 고원성벽

보수를 거친 고원성
벽의 일부

은천 성벽 銀川城

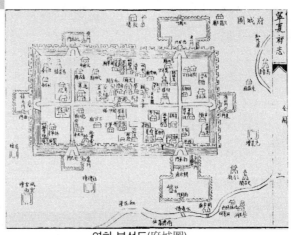

영하 부성도(府城圖)

보수한후의 남훈문

보수한후의 남훈문

고원은 옛날에 대원(大原), 고평(高平), 숙관 (蕭關), 원주(原州)등 이름으로 불렸다. 고원은 영하회족자치구 남부, 실크로드의 북쪽 선로 에 있으며 기원 14세기로부터 17세기 중기에 장성을 따라 설치된 아홉 개 진(鎭) 중의 하나 이다.

기원전 114년에 안정군(安定郡) 설치로 성이 수축되었고 후에 여러 차례 수즙을 진행했다. 기원 766년에 토번이 원주를 함락하고 성을 헐어 버렸으며 787년에 성을 개수했다. 995년 에 송나라 장군 이계융(李繼隆)이 여경사(如京使) 호수징(胡守澄)에게 명해 성을 수 즙했는데 둘레길이는 9리 7분이었고 수즙 후 성을 진융군성(鎭戎軍城)이라 불렀다. 1219년에 이르러 한차례의 지진으로 성벽이 심각하게 붕괴되었는데 이듬해에 복원 되었다.

1949년 전후의 남훈문(南薰門)과 성루

1450년에 몽골이 고원 경내를 침입하여 섬서 원마사(苑馬寺) 장락감(長樂監) 감정(監正)이 성을 복원했다. 1502년에 삼변총독(三邊總督) 진굉(秦纮)이 성을 대규모로 개수하면서 외관성을 증축해 둘레 길이는 20리였고 높이는 3.6장, 기반의 너비는 4장, 꼭대기 너비는 2.3장이였으며 성벽 네 면에는 성문을 각기 하나 씩 설치했다. 1575년에 삼변총독 석모화(石茂華)가 토축 성벽은 장기간의 보존이 어렵다고 생각하여 외성의 길이를 7리 줄이고 벽돌로 성을 개수했는데 높이는 3장 6척, 둘레 길이는 13리 7분이였으며 이로부터 고원성은 군사요충지로 부상하게 되었다.

1710년에 진수(鎭綏) 장군 반육룡(潘育龍)이 성을 대규모로 수즙하고 크고 작은 성루 24개를 보수한 이후 1906년에 고원 제독(提督) 장행지(張行志), 지주 왕학이(王學伊)가 훼손된 성벽 구간을 보수했다.

1920년에 8.5 규모의 강진이 일어나 고원성 내성벽 대부분이 기울고 무너졌는데 후에 여러 차례 수즙을 거쳤지만 치첩, 성가퀴 등은 여전히 무너진 곳이 많았다.

1972년에는 전쟁준비를 위해 성벽 대부분을 철거하면서 성을 쌓았던 벽돌은 방공호 건설에 사용했다.

20세기 80년대 이후 문화재 연구소의 조사에서 고원성 내성벽은 오늘의 서호공원(西湖公園) 내에 위치한 서남 높이는 4m~12m였다. 외성벽 역시 서북 모퉁이 한 구간만 확인되었는데 길이는 약 1000m였고 보존상태가 완정했다.

은천성 남문

高昌故城
고창고 성벽

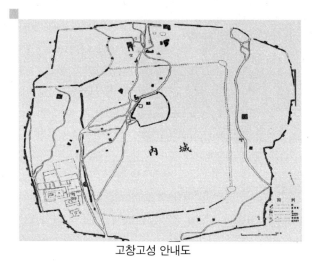

고창고성 안내도

고창고성 유적

투르판시 동쪽으로 약 40km 떨어진 하라훠줘향 소재지 부근에 있는 고창은 지세가 높은 곳에 있고('높을 고(高)') 또 거주민들의 생활이 번영창성하라는 뜻(창성 창(昌))에서 '고창'이라 불리게 되었다.

고창 고성은 기원전 206년부터 기원 8년 사이에 세워졌고 '고창벽(高昌壁)'이라 불렸다. 기원 442년에 저거무위(沮渠无위)가 북량정권(北凉政權) 잔여부대를 이끌고 고창을 공략한 후 이 곳을 도성으로 정하고 '양도(凉都)'라고 했는데 그로부터 198년 간 양도는 줄곧 도성으로 자리매김했다. 866년에 북정(北庭)에서 출생한 회흘수령 복고준(仆固俊)이 고창성을 수도로 정했는데 역사에서는 이를 '서주회흘' 또는 '고창회흘'이라 한다. 회흘정권 시기에 성벽을 한층 확대하여 수축했고 외성벽도 증축했다. 현재 외성은 윤곽이 아주 뚜렷

고창고성 서성문(西城門)

하고 평면은 불규칙적인 네모형을 이루고 있는데 둘레 길이는 약 5440m이고 잔존 높이는 5-11.5m이며 기초부분의 두께는 약 12m이다. 성벽은 흙을 달구질하여 수축했으며 달구질한 층의 두께는 8-12cm이고 절단면은 제형모양으로 되어 있다.

1275년에 몽골 서북에 번왕(藩王)의 반란이 있었는데 독와(篤哇) 등은 군사를 이끌고 고창성을 반년 가까이 집중 공격했다. 역도호(亦都護) 고창왕 하치하르가 견결히 저항을 했음에도 불구하고 1280년에 고창성은 어쩔 수 없이 무너지며 독와가 성을 점령하게 된다. 독와가 성을 점령한 이후의 성벽 수축, 훼손과 보수 관련 기록은 문헌에 기재되어 있지 않다.

1388년에 히드르 호자가 칸위에 오른 후 군사를 이끌고 투르판 지역에 대한 '성전(聖战)'을 벌였는데 전화에 고창성이 무너지면서 황폐한 성으로 몰락되었고 후에는 점차 폐기되었다. 폐기된 성은 후에 경작지로 활용되었고 지상 건축은 거의 찾아볼 수 없게 되었다.

1961년 3월에 고창고성은 전국중점보호문화재로 지정되었다. 2014년 6월 22일에 카타르 도하에서 소집된 유엔 유네스코 제 38차 세계유산위원회(WHC) 회의에서 중국과 카자흐스탄, 키르키즈스탄 삼국이 연합으로 신청한 '실크로드: 장안-천산으로 이어지는 도로망' 중의 유적지 중의 하나로 고창고성이 세계문화유산 명록에 등재되었다.

고창(高昌)고성(故城)

우르무치 성벽

乌鲁木齐城

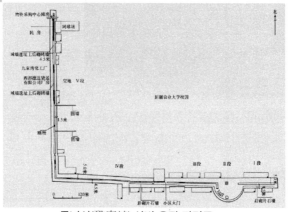

공녕성(鞏寧城) 성벽 유적 평면도

유라시아대륙의 중심에 있는 우루무치는 준갈어로 '우시(烏市)'로 간칭되는데 '아름다운 목장'이라는 뜻을 나타낸다.

우루무치의 첫 성벽 축조시간에 대해서는 지금까지 고증된 바 없다. 일설에 의하면 기원 220년부터 265년 사이에 차사후국(車師後國)이 우루무치 남쪽 근교에 쌓은 어뢰성(淤賴城)이 우루무치의 첫 번째 성이라고 하지만 그 규모나 골격은 고증하기 어렵다. 648년에 당나라 정부는 현재 우루무치 시가지에서 남쪽으로 10km 떨어진 곳에 윤대성(輪台城)을 설치하고 '우라보고성'이라 불렀다. 고성은 평면이 네모형에 가까웠고 남북 길이는 550m, 동서 너비는 450m였으며 흙을 달구질해 벽체를 쌓았는데 공사는 단 한 번에 끝나지 않고 여러 단계를 거쳤다. 즉 성벽 아랫부분은 7세기부터 10세기 사이에 당나라에서 수축한 것이고 윗부분은 960년부터 1368년 사이에 송나라와 원나라를 거치며 여러 차례 개수

달판성(達坂城) 잔존 성벽

와 보수를 진행한 것이다. 2001년에 우라보고성유적은 전국중점보호문화재로 지정되었다.

1368년부터 1644년 사이에 몽골과 서소트인들이 구가만(九家湾)에 성을 쌓았는데 준가얼반란을 평정하는 과정에 불에 타 무너졌으며 성의 골격이나 규모는 고증된 바가 없다.

1758년에 우루무치시 남문 밖에 둘레길이 1.5리이고 높이가 1.2장인 토성을 쌓았는데 후에 북쪽으로 성을 확대하여 증축하면서 더 높게 쌓고 흠정으로 성 이름을 '적화성(迪化城)'이라 했다. 1772년에 적화성 서쪽에 공녕성(玒寧城)(만성이라고도 함)을 쌓았는데 둘레길이는 9.3리였고 높이는 2.2장, 두께는 1.7장이였으며 성문은 네 개 설치되었다. 1864년에 회민들의 반란으로 적화성, 공녕성이 전부 전화에 무너졌는데 1876년에 청나라 군대가 이 두

우루무치 공녕성(鞏寧城) 잔존 구간

성을 다시 수복할 때 공녕성은 이미 폐허로 되어 터만이 알아볼 수 있었다. 하여 적화성 동쪽에 둘레길이가 3.5리인 '신만성(新滿城)'을 쌓고 원래의 적화성은 둘레길이가 4.5리 되도록 약간의 수즙을 거쳐 백성과 상인들이 거주할 수 있도록 했는데 민간에서는 이를 '한성(漢城)'이라고 했다.

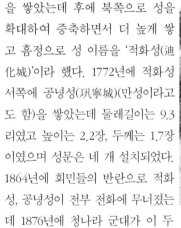

우루무치 공녕성(鞏寧城) 성벽
중간부분

哈密城

하미 성벽

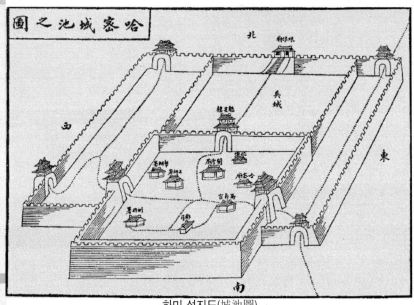

圖 之 池 城 密 哈

하미 성지도(城池圖)

신강 동부에 있으며 신강위구르자치구에 속해 있는 하미는 중국 내륙으로 통하는 중요한 통로요, 또한 예로부터 실크로드의 중요한 길목이었다.

하미성은 회성(回城), 노성(老城), 신성(新城)으로 이루어져 있는데 이를 '하미삼성(哈密三城)'이라고 한다.

하미 회성은 원래 기원 14세기부터 20세기 초 하미왕의 주둔지였다. 제1대 하미 회왕 어지앤저라는 청나라를 물리친 후 기원 1717년에 회성을 중건하고 '진원성(鎭遠城)'이라 했는데 후에 '하미구성(哈密舊城)'으로 이름을 고쳤다. 성은 네모형으로 흙을 달구질해서 수축했는데 둘레 길이는 4리였으며 성문은 동쪽과 북쪽으로 두 개를 설치했다. 하미구성은 1862년부터 1874년 사이에 전란에 무너졌는데 유적은 하미시 남쪽 교외 회성향(回城鄉)에 있는데 현재 환성로 북쪽과 남쪽 그리고 주민구역 내의 일곱 군데만 잔존해 있다.

하미옛성은 1729년에 축조되었는데 원래 이름은 '하미성'이였다. 둘레 길이는 1.8

리였고 높이는 2.46장, 두께는 9.4척이었으며 동, 서, 북쪽으로 성문을 세 개 내고 성문마다에는 성루를 쌓았다. 같은 해에 북문 밖에 길이는 167.3장이고 높이는 1.2장이며 두께는 5척인 엔담 하나를 증축했는데 동서로 성문 밖 거리까지 연결하면 둘레 길이는 총 4.2리가 되었다. 1865년에 하미위구르족, 회족의 폭동으로 옛성이 무너졌는데 주둔군이1883년에 성을 중건하면서 원래의 두 배로 확대했고 성문도 네 개를 설치했다. 현재 유적은 하미시 자유로(自由路) 남쪽, 서남쪽으로300m 떨어진 성교향(城郊鄉) 서채원자촌(西菜園子村)에 있는데 동쪽은 건국남로(建國南路)이고 대부분의 성벽이 철거되었다.

하미신성은 원래 군성(軍城)으로 불렸다. 1865년에 하미위구르족, 회족의 폭동을 진압한 후 신임 하미 보좌대신 문린(文麟)이 군대들이 주둔할 수 있도록 군성을 쌓았는데 둘레 길이 1리에 남북으로 성문이 두 개인 자그마한 성지였다. 유적은 현재 하미시 제2중학교 부근에 있는데 이미 성벽 대부분이 파괴되고 몇몇 주택 정원에만 잔존 성벽이 남아 있다. 잔존 길이는 50m이고 높이는 약 4m이며 벽은 흙을 달구질해서 쌓았다.

2003년에 하미회성 유적은 자치구급보호문화재로 지정되었다.

하미 노성(老城) 남쪽 구간 성벽

하미 노성(老城) 성
꼭대기

하미 노성(老城) 서
쪽 구간 성벽

하미 노성(老城) 남쪽
구간 성벽

하미 노성(老城) 동쪽 구간 성벽

하미 신성(新城) 성벽 일부

하미 무슬림 거주구역에 있
는 이슬람사원과 성벽

제5화 서북지역 신강성   247

연백 성벽

碾伯城

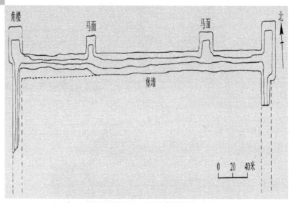

연백성 일부 구역 평면도

악도현(樂都縣) 연백진(碾伯鎭)에 있는 연백성은 고대 서녕위(西寧衛) 우천호소이며 가순마역(嘉順馬驛)의 소재지이다.

연백성은 지부아문 동쪽으로 130리되는 곳에 있는데 기원 4세기 말 5세기 초의 남량(南涼) 악도성(樂都城) 고지(故地)이다. 7세기부터 10세기초 에는 황주(湟州)(선주鄯州)였으나 10세기부터 13세기에는 곡시라(㖃廝囉)에 의해 '막천성(邈川城)'이라고 불렸다.

기원 1386년에 가순마역을 설치한 후 이어 우천호소를 설치했으며 1554년에는 수비를 증가하여 설치하고 1584년에는 유격(游擊)으로 개치했다. 1594년에 유격(游擊) 달운(達雲)이 성을 개보수하면서 벽돌 성가퀴를 증설하고 병비부사(兵備副使) 유민관(劉敏寬)이 망루를 설치할 데 관한 격문을 올렸다. 개수를 거쳐 성은 높이가 3장 3척, 밑부분의 너비는 2장 7척~3장 5척 정도였고 동서 길이는 150장, 남북 너비는 112장이였으며 성문 세 개에는 모두 성루를 쌓고 월성도 두 개 쌓았다. 해자는 깊이가 2장 5척이였으며 동문 밖 거리에도 성문이 세 개 있었다.

1644년 이후에는 수비(守備)로 바꾸고 이어 또 도사(都司)로 고쳤다. 마침 남쪽 성벽 일대는 황수(湟水) 가까이에 있어 장기간 물의 침식과 훼손을 받았는데 서녕도(西寧道) 첨사(僉事) 양응거(楊應琚), 우영(右營) 유격(游擊) 양원(楊垣), 서녕부(西寧府) 지부(知府) 신몽새(申夢璽)와 연백현 지현 서지병(徐志丙)은 고안 끝에 성터를 북쪽으로 15장 옮겨 새로 성을 쌓기로 했는데 길이는 총 112장이였고 밑부분의 너비는 3장, 꼭대기 너비는 1장이였으며 여장과 성루도 설치했다. 성을 수축하는 과정에 인력과 물력을 헤아려 수확이 좋지 않은 해에는 백성을 임용하여 구휼을 대신했다.

현재 남아 있는 연백성은 보존상태가 비교적 차하고 평면은 대체로 구형 모양이며 벽체는 황토로 구간구간 판축되었다. 그 중 북쪽 담의 보존상태가 가장 좋은데 전체 길이는 358m이고 밑부분의 너비는 14m, 꼭대기 너비는 5m, 높이는 8m이다. 벽체에는 마면이 두 개 있는데 동쪽 마면은 높이가 11m이고 서쪽 마면은 높이가 10.5m이다. 이외에도 동북쪽과 서북쪽 귀퉁이에는 높이 약 11m되는 각대가 있는데 보존 상태가 보통이다. 동쪽 성벽과 서쪽 성벽은 담이 부분적으로 남아 있는데 동쪽 담은 길이가 35m이고 높이가 11m이며 밑부분의 너비는 13.6m, 꼭대기 너비는 7.5m이고 서쪽 담은 길이가 61m이다. 동쪽 담 대부분과 남쪽 담은 도로 확장 개설과 도시 건설 등으로 완전히 소실되었다.

1982년에 연백고성은 현급보호문화재로 지정되었다.

20세기 중엽의 연백 고성 남문과 성루

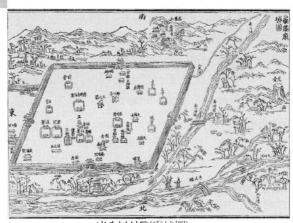

서녕 성벽 西宁城

서녕 부성도(府城圖)

서녕은 청장고원에서 제일 큰 도시로 고대에 서평군(西平郡), 청당성(靑唐城)이라 불렸으며 청해성 동부에 위치하여 청장고원 동부를 제어하는 길목으로 되고 있다.

서녕은 처음 성이 수축되고 나서 성터가 여러 번 바뀌었다. 기원 1386년에 장흥후(長興侯) 경병문(耿秉文)이 섬서 제위(諸衛) 군사를 이끌고 13세기부터 14세기원 서녕주(西寧州) 구성(舊城) 서북부를 기초로 위성(衛城)을 수축했는데 둘레길이는 9리 180보 3척이었고 높이와 두께는 모두 5장이었으며 외옹성의 높이는 4장이었고 성문은 네 개를 설치했다. 해자는 깊이가 1장 8척이었고 너비는 2장 5척이었다. 1542년에 병비부사 왕병(王啎)이 성을 개수하면서 동초문(東稍門)에 외옹성을 더 쌓았다.

서녕성은 17세기 전기에 많은 곳이 훼손되어 1644년부터 1911년 사이에 성을 여러 차례 중수하고 증축했다. 1709년에 위수비(衛守備) 요등위(廖騰煒)가 성을 보수한 이후 1725년에 서녕이 위(衛)에서 부(府)로 바뀌면서 조정과 지방에서는 서녕성을 대규모로 개수하고 개축했다.

1912년 후에 서녕성은 장기간 보수가 방치되면서 점차 훼손되었다. 항일전쟁 시기

일본군이 공중 포격을 할 때 빠른 시간 내에 주민을 소산시키기 위해 서녕 정부는 1937년부터 1945년 사이에 성벽 네 면에 통로('소성문'이라 속칭됨)를 하나씩 냈다. 그 후 20세기 50년대에 도시 건설로 성벽과 성문 대부분이 철거되었다.

20세기 80년대 이후 문화재연구소의 조사에서 확인된 옛 서녕위성은 평면이 구형 모양으로 동서 길이는 1300m, 남북너비는 약 1000m였고 둘레 길이는 4600m, 면적은 130만m²였다. 성벽은 보존 상태가 차해서 절대 대부분의 담이 무너지고 없으며 현재 북쪽 담 네 구간에 동쪽 담 두 구간, 서쪽 담 한 구간만 남아 있고 남쪽 담은 흔적도 찾을 수 없다.

서녕의 역사적 맥을 이어나가기 위해 서녕 성중구(城中區) 구청에서는 2007년에 900여만 위안을 투자하여 역사자료에 근거하여 서녕 북문 성루 복원작업을 진행했다.

1998년에 서녕 고성벽은 성급보호문화재로 지정되었다.

20세기 중엽 서녕고성 성내

서녕성 북문인 공진문(拱振門)

20세기 중엽 서녕고성 성밖의 모습

서녕고성 유적(화원북쪽거리 입구)

서녕 청당성(靑塘城) 유적(서녕시 남요성로(南繞城路) 국제(國際)촌 맞은편에 위치,길이 약 300m)

동관 성벽 潼关城

동관성 안내도

섬서성 위남시(渭南市) 동관현(潼關縣) 북쪽에 있는 동관은 예로부터 '수도권의 제1요충지'‧'네 개 진(鎭)의 요충지'로 이름나 있으며 '두 사람만으로도 백 명 대군을 물리칠 수 있는 험요한 지역'으로 유명하다.

기원 196년에 조조는 함곡관(函谷關)을 폐지하고 동관(潼尖)을 설치하여 관서(關西)의 병란을 방어했다. 611년에는 관성(關城)을 남북연성관(南北連城關) 사이에 있는 갱수함곡(坑獸檻谷)으로 옮기고 동관(潼關) 또는 금욕관(禁峪關)이라 했는데 이것이 바로 금구구(禁溝口)이다. 691년에는 수성(隋城)을 황하 남안에 옮겼고 1068년부터 1077년 사이에는 견시어사(遣侍御史) 진박(陳泊)이 관성을 확대하여 수축했다.

1372년에 천호(千戶) 유통(劉通)이 구성을 쌓았는데 둘레 길이는 11리 72보였고 높이는 5장(남쪽에서 가장 높은 곳은 약 10장)이였으며 성문은 여섯 개를 설치했다. 1539년에 병헌(兵憲) 하오(何鰲)가 관성(關城)을 중수하고 중문(重門) {대문 안에 거듭 세운 문.} 두 개를 쌓았으며 1570년에 병헌(兵憲) 범무화(範懋和)가 성을 중축하면서 갱포 72개를 보수하고 벽돌로 치첩을 쌓았다. 1624년에 북수관(北水關)이 강물에 무너져 1627년에 병헌 황화(黃和)가 성을 복원한 뒤 1685년에 참정(參政) 고

동관성 잔존 옛성벽

몽설(高夢說)이 또 다시 동관성을 중수했다.

천재와 인재까지 겹치면서 파손되고 무너지는 일이 잦았으나 지현과 향신들의 기부금으로 자주 복원되었다.

1911년 이후에 동관성은 오랫동안 보수를 하지 않아 부분적인 구간이 훼손되었고 1957년에는 삼문협 댐 설치를 위해 지방 정부에서 성을 대규모로 철거하고 주민들을 이주시키면서 동관성 성루가 전부 철거되고 성벽도 심각하게 훼손되었다. 하여 20세기 80년대 이후 지방 문화재 연구소의 조사에서 동관성 북쪽 성벽의 부분적인 흙담과 수문만 확인되었다.

1992년에 동관고성(명성) 북쪽 성벽 유적은 성급보호문화재로 지정되었다.

1936년의 섬서 동관

미지 성벽 米脂城

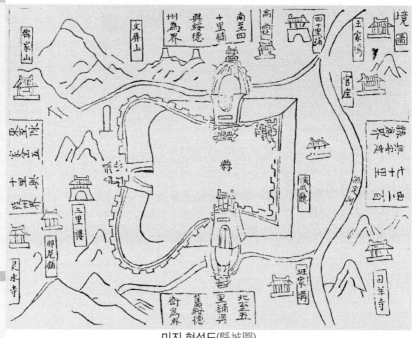

미지 현성도(縣城圖)

섬서성 유림시 동부, 무정하(無定河) 중류에 위치한 미지는 과거에 '은주(銀州)'라고 불렸으며 예로부터'소희(小戱) ﹛ 배역이 적고 줄거리가 간단한 소규모 극(劇),﹜의 고향', '제전(梯田)의 고향'으로 유명하다.

기원 1326년에 지현 여동(呂東)이 미지성을 수줍하면서 원래의 채장(寨墻)을 흙을 달구질해서 너비와 높이를 더하고 일부 구간에는 돌로 누문(壘門)﹛군영(軍營) 정문﹜을 쌓았는데 이것이 상성(上城)이며 소성(小城)이라고도 한다.

1373년에 미지에 주둔한 수덕위(綏德衛) 수어천호(守御千戶) 왕강(王綱)이 상성(上城)을 수리했고 1469년에 지현 진귀(陳貴)가 동북모퉁이를 증축하여 상성을 확대했다. 1545년 1월부터 이듬해 7월 사이에는 하성(下城)(일명 관성關城)을 수축하여 동, 서 관에서 화엄사(華嚴寺)까지 이르는 구간 전체를 성벽 안에 포함시켰다. 성벽 내측은 황토로 층층이 달구질하고 외측은 큰 돌을 포개어 쌓았는데 총 길이는 500장이였고 높이는 2.5장, 너비는 1.6장이였다. 1573년에 지현 장인복(張仁覆)이 다시 성벽을 정비해서 상, 하성을 하나로 연결했다.

1681년과 1759년에는 미지 지현 영양기(寧養氣)에 이어 증첩종(曾捷宗)이 성벽을 보수하고 보강했으며 1883년에는 지현 낙인(駱仁)이 수재를 방지하기 위해 성벽 서남 모퉁이에 높이가 8척 되는 수문을 만들었다. 그 후로부터 1912년까지 미지성벽은 보존 상태가 아주 좋았다.

1935년부터 1937년 사이에 현장(縣長) 누갱성(樓鏗声)이 신성을 수축했는데 둘레 길이는 1.5km이고 높이는 9m, 윗부분의 너비는 6m, 아랫부분의 너비는 8m였으며 성문은 네 개를 설치했다. 20세기 50-70년대에 도시가 발전하면서 성벽은 오랫동안 보수가 방치되어 훼손이 심각했고 심지어 점차 철거되었다. 20세기 80년대 이후 당지 문화재연구소의 조사에서 미지성은 흙을 달구질해서 수축한 북쪽 구간의 성벽 일부와 아직도 완정하게 보존되어 있는 북성문의 아치형 구조를 제외하면 전체적인 구조는 이미 알 수 없었다.

1984년 8월에 미지성 북문 즉 유원문(柔遠門)유적은 시(현)급문화재로 지정되었다.

작은 성보나 다름없는 미지현 이자성(李自成) 행궁(行宮)

商州城

상주 성벽

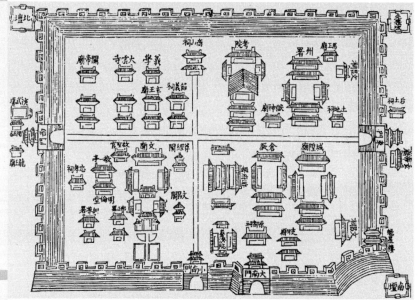

상주성 안내도

섬서성 동남부에 있는 상주는 진령산(秦嶺山) 남쪽 기슭, 그리고 단강(丹江)발원지에 있는데 예로부터 도읍 장안의 동남쪽 문호였다.

언제 누가 어떤 규모로 상주고성을 세웠는지 오늘날의 역사적 자료로는 고증할수 없다. 기원 13세기 후기로부터 14세기 중기에 안서로(安西路) 판관(判官) 독의병(督義兵) 만호(萬戶) 과골리(寡骨里)가 성지를 확대 수축하고 수즙을 진행했는데 동서 길이는 5리, 남북 너비는 2.5리였으며 담의 높이는 2.5장이었다. 성문은 세 개를 설치했는데 연호(蓮湖)와 성내의 빗물을 배출하기 위해 서남쪽에 수문 하나를 따로 설치하고 이름을 '정순(靖順)'이라고 했다. 성벽은 백학이 날개를 펴는 듯한 모양이였고 귀산을 마주하고 있었기 때문에 '귀산학성(龜山鶴城)'이라고 불렸다.

14세기 후기에 끊임없는 전란으로 현치(縣治)가 전부 폐지되고 담도 훼손되었다. 기원 1368년부터 1398년 사이에 지현 진용조(陳容祖)가 백성들을 이끌고 성지를 중수했으며 1465년부터 1487년 사이에는 지주 손창(孫昌)이 성을 재수즙했다. 1482년에 이목(吏目) 유새(劉璽)의 감독하에 성벽 외층의 일부를 내화벽돌로 쌓았고 1523년에는 참의(參議) 소건(蘇乾)이 벽돌로 상주성을 개수했다. 하여 17세기 상엽에 상주성은 둘레 길이가 5.3리였고 담의 높이 2.2장에 여장 5척으로 전체 높이는 2.7장이었으며 밑부분의 너비는 2장, 꼭대기 너비는 1.2장이었다.

1645년에 무치(撫治) 상낙도(商洛道) 원생지(袁生芝)가 초루를 중건했으며 지주 나문사(羅文思)가 녹봉을 기부하여 성을 수즙하면서 남문과 서문도 개수했다. 1860년에 지주 유양사(劉良駟)가 동관(東關)에 패루(牌樓)

(옛날, 차양이 있고, 둘 또는 네 개의 기둥이 있는 장식용의 건축물) 세 개를 쌓았고 1864년에 지주 진작추(陳作樞)가 각루 네 개를 더 쌓고 담과 성루를 보수했다. 1909년에 남문과 수문루를 수즙했으며 사립문 두 개를 쌓았다.

1956년의 전국문화재전면조사에서 상주고성 동, 서 성루에 대한 고찰을 통해 그 건축 특징으로부터 이들이 송대의 건축임을 확인하였다. 1964년 이후에 상주고성벽은 도시 건설로 육속 철거되고 성 서남 모퉁이 와지에 길이가 약 500m되는 담만 남아 있었는데 20세기 90년대 이후에 성 서남 모퉁이에 연호공원(蓮湖公園)을 건설하면서 성벽 잔존 구간을 공원 서쪽 담과 남쪽 담으로 이용하여 관광객들에게 선보였다.

상주성벽 벽체와 식피

서안 성벽 西安城

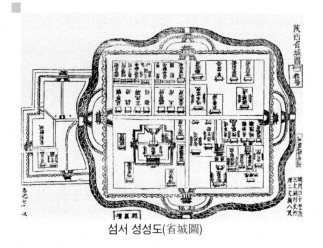

섬서 성성도(省城圖)

　서안은 황하중류, 진령산맥(秦嶺山脈) 북쪽에 있는데 중국 역사에서 역대로 열두 개 왕조가 서안을 도읍으로 정했고 이로써 '천연역사박물관'이라고 불린다.

　기원전 202년에 유방(劉邦)이 장안(長安)을 도읍으로 정하면서 도시는 남북 두 성으로 갈라졌고 북성은 '북두성(北斗星)', 남성은 '남두성(南斗星)'이라 불리면서 한나라 장안성도 따라서 '두성(斗城)'이라 불렸다. 성 둘레 길이는 약 25km이고 높이는 3.5장이며 벽체는 흙을 달구질해서 수축했는데 위는 좁고 아래가 넓었다. 기원 581년에 수문제(隋文帝) 양견(楊堅)이 새 도성인 대흥성(大興城)을 하나 더 수축하면서 도시 전체는 외곽, 황성, 궁성으로 이루어지게 되는데 그 중 외곽은 모양이 방형에 가까웠고 둘레 길이는 35.5km였다. 618년에 이연(李淵)이 서안에 당나라를 세우면서 태극궁(太極宮) 동북쪽의 용수원(龍首原)에 대명궁(大明宮)을 하나 더 수축했는데 둘레 길이는 7600여m였고 성문은 11개 설치되었다.

　장안성은 기원 10세기 초에 끊임없는 전쟁 속에서 심각하게 파괴되어 1370년부터는 성을 대거 확대하고 새로 수축하기 시작했는데 당성(唐城) 동쪽과 북쪽 성벽은 철거하고 밖으로 확장했으며 서쪽과 남쪽 성벽은 더 늘리고 새로 정비했다. 1568년

서안성 야경

에는 섬서 순무 장지(張祉)가 전성을 쌓기 시작했고 1636년에는 섬서 순무 손전정(孫傳庭)이 성문 밖에 곽성을 네 개 수축했다.

서안성은 1644년부터 1911년 사이에 1368년부터 1644년 사이의 명나라 때 골격을 그대로 따르면서 적어도 열 두차례 대규모의 보수를 진행했다. 1912년부터는 훼손과 보수를 반복하면서 선후로 성문을 14개 더 쌓아 현재 성문이 총 18개이다.

서안성은 20세기 80년대 이전까지는 오랫동안 보수가 이루어지지 않아 성벽 많은 구간이 훼손되었고 심지어 어떤 구간은 구멍이 뚫리기도 했다. 하지만 1984년부터는 서안성벽을 전면적으로 수즙하기 시작하여 2006년 5월에 서안역 구간의 성벽 연결 공사 중 중심 공사가 완공됨으로써 서안성은 완벽한 고성(古城)의 모습을 드러낼 수 있게 되었다.

서안성 서남모퉁이의 각대(角臺)와 해자

1961년에 서안 성벽은 국가중점보호문화재로 지정되었고 2012년에는 '중국명청성벽' 세계문화유산 연합프로젝트에 가입하면서 중국세계문화유산 등재 후보로 되었다.

서안 북문

수즙을 마친 안정문(安定門) 성루

한나라 시기 장안성벽 유적(오늘의 서안 시 서북쪽)

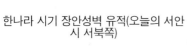

개조와 정비를 마친 순성항(順城巷)

당나라 시기 장안성(長安城) 명덕문(明德門) 유적

소남문 아치형문 북쪽 입구 동쪽의 훼손
된 부분

멀리서 촬영한 해자 시험(試驗)구간

영녕문(永寧門) 옹성 등성 보도

영녕문(永寧門) 갑루(閘樓)

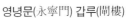

개조를 한 환성서원(環城西苑)

오보 성벽

吳堡城

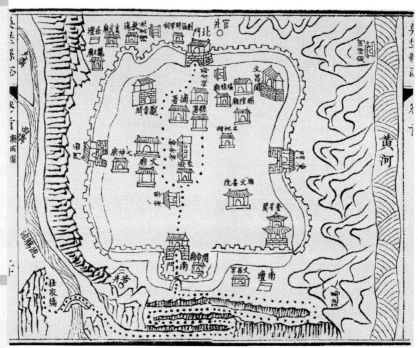

오보 현성도(縣城圖)

오보는 섬서성 동북부, 유림지구 동남부에 위치해 있다.

오보는 일찍 기원 951년에 수채(水寨)를 쌓았으며 1137년에 산적 두목 절언약(折彦若)이 오보 석채(石寨)를 중수했다. 1226년에 오보가 채(寨)에서 현(縣)으로 승격되면서 원래의 채보(寨堡)가 현성(縣城)으로 되었는데 성은 푸른 빛깔을 띤 응회암으로 수축되었고 성문은 네 개였으며 동남쪽은 황하를 해자로, 서북쪽은 암벽산곡을 성호로 삼았다.

1536년, 1538년에 지현 유월(劉鉞)과 장이(張弛)가 각각 성을 보수하고 1559년에 지현 이로(李輅)가 옹성을 증축하고 남문루와 북문루를 쌓았다.

1730년에 지현 첨소덕(詹紹德)이 황하를 마주보도록 북문을 고쳤으며 남문루와 북문루를 '남훈(南薰)', '북고(北固)'라고 이름을 고쳐 불렀다. 1766년에 지현 예상린

(倪祥麟)이 직접 성벽을 측량하고 (둘레길이는 403장, 내성의 높이는 7척에서 1장) 성곽을 대규모로 보수하여 1769년에 공사가 마무리되었는데 완공 후 오보성벽은 밑부분의 너비가 1.2장, 꼭대기 너비가 1장이었다. 성벽 내외측은 모두 돌을 쌓았고 중간은 흙을 달구질해서 채웠으며 남문 두 개를 새로 쌓고 성문 네 개에는 모두 성루를 쌓았다. 1824년에는 지현 용적자(龍迪玆)가 성벽과 성루를 보수했다.

1936년에 오보현 정부가 고성(古城)에서 송가천(宋家川)으로 옮기면서 고성은 성관진(城關鎭)[성관진(城關鎭)은 현정부가 소재한 진을 가리킨다.] 의 행정촌(오늘의 고성촌)으로 되었는데 그동안 성벽이 방치되어 황폐했지만 기본 골격은 손상 받지 않았다.

오보성 유적은 1982년에 현급보호문화재로, 1992년에는 성급보호문화재로, 2006년에는 전국중점보호문화재로 지정되었다.

섬서 오보 성문

유림 성벽 榆林城

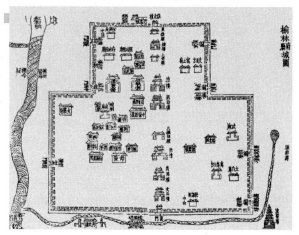

유림 부성도(府城圖)

　유림은 '타성(駝城)'이라고도 하는데 섬서성 북부 끝자락에 있는 마오우쑤사막(毛烏素沙漠)과 황토고원의 경계지역에 있는 명나라 아홉 개 군사요충지 (9변(九邊) 또는 9진(九鎭)은 명나라때 북방의 몽골 세력을 차단하기 위해 만리장성을 따라 요동(遼東), 선부(宣府), 대동(大同), 유림(榆林), 영하(寧夏), 감숙(甘肅), 계주(薊州), 태원(太原), 고원(固原)에 설치된 9개의 군사요충지를 가리킨다. (遼東鎭, 宣府鎭, 大同鎭, 延綏鎭(또는 楡林鎭), 寧夏鎭, 甘肅鎭, 薊州鎭, 太原鎭(또는 山西鎭 또는 三關鎭), 固原鎭(또는 陝西鎭). 중의 하나이다.

　　　　　　　　　　　기원 14세기 후기에 유림 주둔군들이 군사 주둔의 필요에 의해 임시로 토성을 쌓았는데 성의 규모 등 구체적인 정보는 알려진 바 없다. 기원 1437년에 도독(都督) 왕정(王禎)이 유림장(榆林庄)에 처음으로 유림성보(榆林城堡)를 수축하면서 유림은 명나라의 이름난 아홉 개 군사요충지 중의 하나로 부상되었다. 후에 유림은 군사와 경제발전의 수요로 비교적 큰

대조를 이루는 유림 남문과 유양교(楡陽橋)의 과거와 현재의 모습

유림 남문의 옛모습

대조를 이루는 유림 남문과 유양교(楡陽橋)의
과거와 현재의 모습

규모의 보수와 확장을 세 차례 진행하는데 역사에서는 이를 '유성(楡城)의 세 차례 확장'이라고 한다. 1609년에 순무 손유성(孫維成)이 병사들에게 성첩 높이로 높게 쌓인 흙모래를 운반하도록 명하는데 이는 병사들의 강렬한 불만과 반란을 일으키게 된다.

17세기 상반엽에 유림성은 많은 곳이 훼손되어 1671년에 총병(總兵) 허점괴(許占魁)와 부사(副使) 고광지(高光祉)가 고루(鼓樓)를 중수하고 성벽 일부를 보수했다. 1863년에 북쪽 성벽 일부가 유사(流沙)에 묻히고 또 관중(關中) 등 지방에 회민봉기가 일어나면서 도헌(道憲) 상한(常澣)은 북쪽 성벽을 폐기하고 광유문(廣楡門) 동서 방향으로 성벽을 축소하여 북쪽 성벽을 다시 쌓을 것을 명령했는데 완공 후 길이는 438장이었다. 1867년, 1875년, 1884년과 1894년에는 비교적 큰 규모의 보수와 정비를 진행해 유림성을 더 단단하게 만들었다.

20세기 70년대 초 당지 문화재연구소의 조사에서 유림성은 동쪽 성벽은 2293m, 서쪽 성벽은 2184m, 남쪽 성벽은 105.5m, 북쪽 성벽은 1125m로 둘레길이는 총 6761.5m였고 성벽은 보존상태가 비교적 완정했다. 그 후 유림고성벽은 도시 건설, 시설 설치와 관리 부족으로 날이 갈수록 파괴가 심각했는데 남쪽, 북쪽 성벽 대부분은 철거되었고 동쪽과 서쪽 성벽도 훼손이 심각했다. 2012년 5월에 유림위성 서쪽 성벽 복원공사를 시작하여 훼손된 일부 성벽 구간과 부속 건축물을 복원했다. 1992년에 명나라 유림위성은 성급보호문화재로 지정되었고 2006년에는 전국중점보호문화재로 지정되었다.

보수 전의 유림성벽

한중 성벽

汉中城

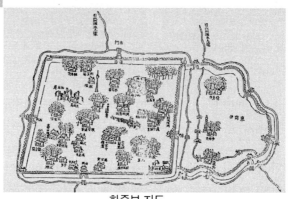

한중부 지도

섬서성 서남부, 한강 상류에 있는 한중은 장강의 가장 큰 지류인 한강(漢江)의 발원지로 한수(漢水)에서 지명이 유래하였으며 '한(漢)'으로 약칭된다. 한중은 중국역사문화명성이다.

한중은 일찍 기원전 475년부터 기원전 221년 사이에 성을 건설하기 시작했는데 지리적 위치는 오늘의 한중시 동북이리 신교(東北二里新橋)에서 진가영(陳家營)에 이르는 일대로, 규모나 관련 정보는 고증할 수 없다. 기원 612년에 한중성이 원래의 성터 서쪽으로 이전되면서 두번째로 성을 수축했고 1220년에 한중성이 원래의 성터에서 현재의 성터로 또 다시 이전되면서 세번째로 성을 수축했다. 이처럼 한중성은 두차례 이전과 세차례 수축을 거쳤지만 성터와 규모는 후에도 거의 변함 없었다.

1370년에 한중지부(漢中知府) 비진(費震)이 부성(府城)을 중수했는데 둘레 길이는 9리 80보였고 높이는 3장이였으며 윗부분의 너비는 1.5장, 아랫 부분의 너비는 2.5장이였고 성문은 네 개 설치되었다. 1502년에 한중성은 붕괴되고 터만 남았는데 같은 해 11, 12월 사이에 한중지부 주동(周東)이 성 개수를 명해 군민이 함께 구간을 나누어 성을 개수하면서 너비는 한 장 늘렸고 높이는 5장을 높였다.

한중부 성루

1656년에 지부 풍달도(馮達道)가 성문 네 개를 수리했으나 얼마 안 가서 성루가 훼손되었으며 1688년에 이르러 지부 등천수(騰天綬)가 동성루를 중수했다. 1790년에 남정지현(南鄭知縣) 왕행검(王行儉)이 전성 101장, 토성 157장을 수리했으며 1863년에 태평천국 서정군이 한중을 공격하면서 성벽이 부분적으로 훼손되었다.

1912년 이후에 한중성은 사용 과정에 점차 훼손되어 갔는데 1914년에 한중도(漢中道) 윤손음(尹孫蔭)이 무너진 남문성루를 중건했다. 1918년에는 병란으로 벽체에 균열이 생기고 1949년 이후에는 잔존 성벽이 선후로 붕괴되었으며 후에는 도시 확장 건설로 남아 있는 성벽마저 철거되었다.

20세기 80년대 이후 당지 문화재연구소는 민주가(民主街)와 서환일로(西環一路)가 교차하는 지역 부근에서 한중성벽 잔존 구간을 발견했는데 최근에는 이에 대한 보강조치를 실시하고 있다.

보수를 마친 한중성 서쪽성벽 잔존구간

난주 성벽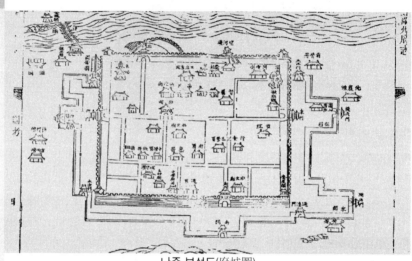

난주 부성도(府城圖)

감숙성 중부에 있는 난주(蘭州)는 금성(金城)이라고도 하는데 남북으로는 뭇산이 병풍처럼 둘러싸 있고 동서로는 황하가 관통하고 있다.

기원 6세기 말부터 10세기 초의 수당(隋唐)시기 난주성은 평면이 장방형 모양으로 동서 길이는 600여 보, 남북 너비는 약 300여 보였다. 기원 1081년에 이헌(李憲)이 토번으로부터 난주를 수복하고 서하를 막기 위해 선후로 공갈관(恭噶關)(후에 동관보(東關堡)로 개명)과 서관보(西關堡)를 수축했으며 수당구성(隋唐舊城) 북쪽에는 새 성을 쌓고 황하 북안에는 금성관(金城關)을 설치했다.

1378년에 지휘동지(指揮同知) 왕득(王得)이 960년부터 1368년 사이의 성지를 기초로 성을 증축했으며 1426년부터 1435년 사이에는 첨사(僉事) 복겸(卜謙), 지휘 대왕(戴旺)이 내성의 서북쪽으로부터 동남쪽까지 세 면에 외성을 증축했는데 전체 길이는 14리 231보였다. 1497년에 도지휘(都指揮) 양선(梁瑄)이 동문 밖에 외장(外墻) 360여 장을 이어 수축하면서 외성의 윤곽이 비로소 형성되었다.

1580년에 부사 이요덕(李堯德)이 돌과 벽돌로 북쪽 성벽 외벽을 둘러 쌓고 치첩

황하 남안 난주성벽의 옛모습

도 벽돌로 쌓았 는데 1644년부 터 1911년 사이 에 황하가 난 주성을 침식하 면서 성을 십여 차례 보수했다. 1738년에는 순 무 원전성(元展 成)이 벽돌로 성

전체 외벽을 둘러 쌓고 1862년에는 섬감(陝甘)총독 은린위(恩麟爲)가 내성 성문 밖 에 옹성 네 개를 증축했다. 여러 차례의 보수를 걸쳐 난주성 내성은 둘레 길이가 6 리 200보였고 망루가 있는 망대는 10개였으며 타구는 1929개 설치되었다. 외성은 둘레 길이가 18리 123보였고 망루가 있는 망대는 6개였으며 타구는 3920개 설치되 었다.

20세기 초기까지만 해도 난주성은 보 존상태가 아주 좋았는데 1937년에 항일 전쟁이 폭발하면서 1937년부터 1941년 사이에 일본군의 비행기 폭격을 연이어 받았고 전쟁 중에 시민의 소산과 교통 편 리를 고려해 담을 개조했다.

난주성벽과 성루는 20세기 50년대 이 후 도시 건설 속에서 육속 철거되었고 20세기 90년대 후기에는 '신삼로(新三路)' 의 확대 건설로 잔존 성벽마저 거의 다 없어지고 말았으며 현재 부분적인 유적 만 남아 있다. 1984년에 명청(明淸)시기 난주(蘭州)성 잔존 성벽은 시급보호문화재 로 지정되었다.

난주 성문 옛모습

주천 성벽

酒泉城

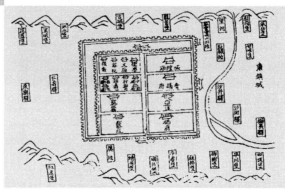

숙주 위성도(衛城圖)

감숙성 서북부에 있는 주천은 옛날에 숙주(肅州)라고 불렸는데 숙주 지하 샘물 맛이 술처럼 감미롭다 하여 주천이란 지명을 얻게 되었다. 주천은 2006년에 중국역사문화명성으로 지정되었다.

기원 346년에 전 양주천(凉酒泉) 태수 사애(謝艾)가 기원전 3세기 말부터 기원 3세기 초의 고성 유적에 복록성(福禄城)을 중수했는데 구성(舊城)의 둘레 길이는 3리 317보였고 동서 너비는 약 630m, 남북 길이는 약 950m였으며 총 면적은 0.6 km² 였다. 성벽은 흙을 달구질해서 판축하고 성문은 동, 남쪽에 각각 하나씩 설치했으나 서, 북쪽에는 설치하지 않았다. 650년부터 655년 사이에 숙주자사(肅州刺史) 왕방익(王方翼)이 성을 정비했다.

1395년에 숙주위(肅州衛) 지휘첨사(指揮僉事) 배성(裴成)이 동성을 확대 수축하여 성터가 두 배로 늘어났다. 성은 평면이 장방형 모양이었고 둘레 길이는 총 8.3리, 높이는 3.5장, 두께는 3장 남짓했고 꼭대기 너비는 1장이었다. 그리고 동, 남, 북쪽으로 성문을 세 개 설치하고 성문마다 겹처마 성루와 성문 밖 옹성을 쌓았다. 1466년에 순무(巡撫) 서정장(徐廷璋)이 동쪽 성문 밖 거리에 토성을 하나 증축했는데 동서 길이는 2리, 남북 너비는 1리 50보로 둘레 길이는 총 5.4리였다. 높이는 2.8장이었고 두께는 1장이었으며 꼭대기 너비는 6척이었다. 1574년에 숙주(肅州) 병비(兵備) 손곤(孫坤), 참장(參將) 강현종(姜顯宗)이 내화벽돌로 숙주대성(肅州大城)을 쌓았는데 동서 길이는 405장이었고 남북 너비는 288장이었다.

1647년에 숙주총병관 장용(張勇)이 전쟁에서 훼손된 고성을 복원했으나 1873년에 좌종당(左宗棠)이 숙주를 수복하기 위해 대포, 화약으로 성벽을 폭파시켰다. 1946년에 이르러 국민당 도시방위부대가 북문루와 성문을 철거해 버렸으며 그 후 도시 건설과 함께 남아 있던 토성의 많은 구간도 점차 철거되고 말았다.

20세기 80년대 초에 무너진 명나라 성벽을 정비하는 과정에 명성벽에 둘러싸인 옛 성문을 하나 발견했는데 위치는 오늘의 주천 군관구(軍管區) 남쪽으로 된다. 길이는 144m이고 잔존 높이는 5~15m이며 달구질한 흙층의 두께는 약 10cm인데 숙주 고성 서남 모퉁이 벽체로 추정된다.

1984년에 복록문(福禄門)이 현급보호문화재로 지정되었고 2003년에는 주천고성(酒泉古城)이 성급보호문화재로 지정되었다.

주천성의 옛 모습(주천의 옛 지명은 숙주(肅州) 였다.)

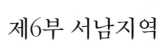

제6부 서남지역

도강언 성벽 都江堰城

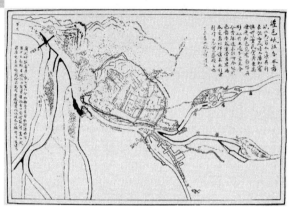

도강언 안내도

　도강언은 사천성 성도시에서 서쪽으로 48km 떨어진 곳에 있는데 옛날에는 '관현(灌縣)'으로 불렸으며 경내의 유구한 도강언 수리공정에서 '세계 수리문화의 선조'라는 명성을 얻게 되었다. 1994년에 도강언시는 중국역사문화명성으로 지정되었고 2000년에는 청성산(靑城山)과 도강언이 세계문화유산으로 지정되었다.

　관현 경내에는 성이 비교적 일찍 축조되었는데 도안현(都安縣)(후에 도강현으로 고쳐짐) 설치와 함께 늦어도 기원 220년부터 263년 사이에는 축조된 것으로 보아진다. 1933년 『관현지(灌縣誌)』에는 도강(導江)은 한나라 도읍 안현(安縣)의 옛 터로 치강에서 동쪽으로 20리 되는 곳에 위치해 있으며 후에 현제도가 폐지되었다고 기록되어 있다. 이 성은 기원 1271년까지 그대로 사용되다 후에는 폐하고 도강포(導江鋪)로 이름이 고쳐졌다.

　1368년부터 1398년 사이에 관현에는 성벽이 없었다. 1488년부터 1505년에 지현 호광(胡光)이 토성 외부에 연석을 쌓는 방식으로 성벽 개축공사를 진행했는데 개축 후 둘레길이는 8리로 총 1440장이었으며 높이는 1.6장, 성문은 네 개였고 성밖으로는 해자가 흘렀다.

관현(灌縣) 성벽 부근의 도강언

1666년에 지현 마기(馬玑)가 관현성벽을 보수하고 1763년에 지현 가경(嘉慶)이 대규모로 성을 개수하여 1765년에 완공되었는데 둘레길이는 6.09리로 1096.45장이었으며 성가퀴는 모두 1414개였다. 그 이후에도 관현 역임 관리들은 모두 성벽 개수에 큰 관심을 쏟았다.

하지만 1912년 이후에 관현 성벽은 점차 훼손되면서 성벽과 성문의 대부분은 인위적으로 철거되었고 부분적인 나머지 성벽 구간도 백성들의 주거 건축재료로 이용되었다.

2008년 5월 12일에 사천 문천(汶川)과 북천(北川)에 8.0급의 대지진이 일어났는데 서가(西街)에 대한 지진피해복구공사를 하던 중 14세기 후기부터 17세기 중기의 고성벽 유적을 발견하게 되었다. 정부의 관심 속에 도강언시는 지진피해복구사업과 함께 고성벽 복원 개축 공사를 시작해 2010년 5월12일에 동문과 성루를 재건하고 2010년부터 2011년사이에는 서가(西街) 구간에 위치한 14세기부터 17세기 사이의 고성벽을 보수했다.

민강(岷江)연안의 관현(灌縣) 성벽

노주 성벽

泸州城

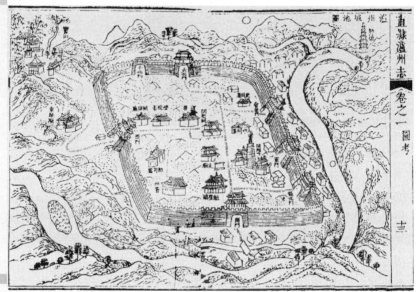

노주성 안내도

노주(瀘州)는 옛날에 '강양'으로 불렸으며 강성이란 별칭도 가지고 있다. 사천성 동남부 양자강과 타강(沱江)이 합류하는 지점에 있는 노주는 1994년에 국가역사문화명성으로 지정되었다.

노주는 일찍 성을 축조했으나 치소 이전이 역사적으로 여덟 차례나 진행되었기 때문에 마지막 노주성은 기원1111년부터 1118년 사이에 수축되었다고 볼 수 있다. 마지막 노주성은 노수(瀘帥) 손의수(孫義叟)에 의해 흙을 달구질하는 방법으로 수축되었는데 14세기 중기에 전화에 무너졌다.

14세기 60년대 말에 지휘 황보림(皇甫霖)이 송나라와 원나라 시기의 토성 옛 터에 석성을 개축했는데 이것이 노주성 첫 위성(衛城)으로 된다. 1495년에 병비 나안(羅安), 지주 하륜(何綸), 동지 조광실(趙广實)등이 대규모로 노주성을 중축했는데 둘레 길이는 9.7리로 총 1242장에 달했으며 높이는 1.5장, 성문 여섯 개에는 모두 다층 누각을 쌓았다. 17세기 40년대 초에 노주성은 농민봉기군 장헌충(張獻忠)이 일으킨 전화에 훼손되고 심하게 무너졌다.

1708년에는 지주 장사호(張士浩)가 돈을 기부하여 성을 개수한 이후 1757년에 노주성 동쪽 성벽이 무너지고 성루가 불에 타 지주 하조신(夏詔新)이 향신들과 백성들로부터 돈을 모금하여 성을 개수했다. 1881년에는 노주성 서북 모퉁이 구간이 무너져 분순도(分巡道) 연호(延祜)가 금고의 돈으로 성을 보수했다.1922년에 사천군 제9사단 사단장 양삼(楊森)이 노현에 주둔하고 있을 때 소교장(小較場) 구간의 성벽 일부를 철거했다. 그 후 노주성은 도시건설과정에 오랫동안 보수가 방치되어 점차 훼손되었으며 이 중에 강변에 수축된 성벽은 홍수방지를 위한 수요로 보존될 수 있었다.

20세기 80년대 이후 문화재기관의 조사에서 노주성 잔존 유적은 응광문(凝光門)을 포함해 동쪽, 북쪽, 서쪽 담만 남아 있었는데 길이는 총 1088.1m이고 주로 명나라 시기에 건축된 것으로 주 사용재료는 청사와 연석이었다. 그 후 지방 정부와 문화재기관의 보호로 선후로 노주성에 대한 보수공사를 진행했다.

1993년 7월에 명나라 노주성벽은 시급보호문화재로 지정되었으며 2007년에는 노주성벽이 성급보호문화재로 지정되었다.

옛 노주성벽에 낸 문동

北川城

북천 성벽

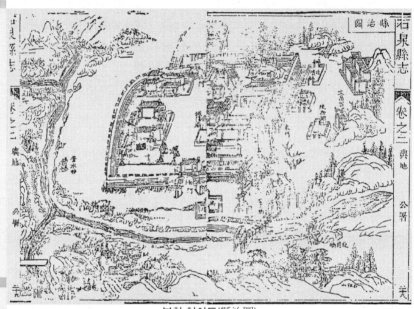

북천 현치도(縣治圖)

사천분지 서북부에 위치한 북천은 옛날에는 석천현으로 불렸는데 이름 그대로 전부 산으로 되어 있고 우뚝우뚝 솟은 산봉우리가 기복을 이루고 있으며 계곡이 종횡으로 나있다.

북천은 비교적 일찍 성을 쌓았으나 아쉽게도 문헌에는 기록된 바가 없으며 성이 축조된 후에 여러 차례 이전되면서 점차 훼손되었다. 기원 1131년부터 1162년 사이에 지현(知县) 위희(魏禧)가 성을 축조할 것을 조정에 신청하여 석천토성을 쌓았으나 관련 정보는 없고 14세기 중후기에 전화에 무너졌다는 것만 알려지고 있다.

1460년에 백성들이 반란을 일으키면서 변방을 침입했는데 이걸 계기로 무주위(茂州衛) 지휘 조민(曹敏)이 조정에 석천 등 곳에 성을 쌓을 것을 청구했으며 이로써 토성이 수축되었다. 토성 외측에는 장방형의 석판을 쌓고 둘레길이는 4.3리로 총 714장이었으며 높이는 1.5장, 성문 세 개에는 모두 성루를 쌓았다. 성밖의 해자는 깊이가 5척, 너비가 3척이였다. 석천성지는 개축을 거쳐 북천 구성의 기초를 이루었다.1713년 9월4일에 석천지구에 7.5급의 지진이 일어나 성벽과 대부분의 가옥이 무너졌다. 1752년에 지현 최륜(崔綸)이 성을 개수하면서 둘레길이는 2리 즉 370장으로 줄었고 높이는 1.4장으로 했다. 성문과 성루는 개축 후에도 여전히 세 개였고 이름도 그대로였다. 석천 역임 지방관리들은 모두 석천성지에 정도 부동한 보수를 진행했다.

1915년에 북천현 지사 오린창(吳麟昌)이 성을 개수한 뒤 1926년에 지사 위백형(魏伯衡)이 서향(西鄕)백성들의 요구에 의해 서문을 막아버렸다. 그 후 북천성지에 대한 대규모의 보수가 없었으며 성벽도 점차 훼손되고 심지어 대규모로 철거되었다.

예로부터 북천현 경내에는 방어 목적의 성보와 요새가 있었으나 후에 대부분 훼손되었다. 그중에 비교적 유명한 것으로 상성(上城), 중성(中城), 하성(下城)으로 이루어진 명나라 영평보(永平堡) 고성을 들 수 있는데 이들이 산세를 따라 각기 산꼭대기와 산 허리, 산기슭에 건축되었기 때문에 절묘한 호응을 이루었고 수비는 쉬우나 공격은 어려운 방어적 특징을 보여 주었다. 1547년에 돌을 쌓아 만들어진 영평보 고성은 후에도 지방 수비군에 의해 줄곧 사용되었으며 1912년 후에 점차 훼손되면서 현재 몇 백 미터되는 구간만 잔존해 있다. 1991년에 영평보는 성급보호문화재로 지정되었다.

북천 고성문 유적

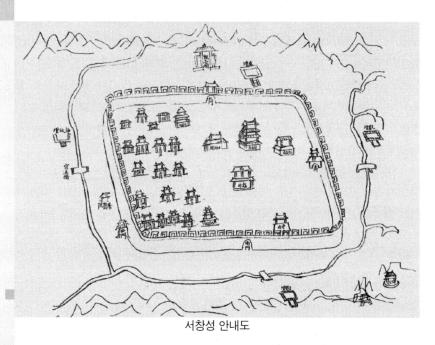

서창 성벽

西昌城

서창성 안내도

사천성 서남부, 천서(川西)고원 안녕하(安宁河)평원의 중심에 있는 서창은 사천성과 운남성 경계에 있는 중요한 도시로 예로부터 중국 서남 변강의 요충지로 되고 있다.

서창은 기원 1387년에 위(衛)를 설치하면서 토성을 쌓았는데 처음으로 수축된 토성에는 성문이 네 개 있었다. 1427년에 지방관리들이 벽돌로 서창성을 개수하기 시작했는데 둘레 길이는 9.3리로 총 1444.8장이였으며 평면은 네모형이였고 높이는 2.3장, 기초부분의 너비는 3.6장, 꼭대기 너비는 2장이였다.

1739년에 서창현 지방 관리들이 명을 받들어 성벽 개수와 보수를 하고 해자를 팠는데 이듬해에 완공되였고 1766년에 성지를 중수했다. 1811년에 오랫동안 성지를 보수하지 않아 남문 성루와 서문 아치형 구조(일찍 폐지됨)가 훼손되여 지현 양경위

(楊經緯)가 성벽을 보수했으며 서남 모퉁이에 서문을 새로 냈다. 이외에도 성벽 보수공사는 1821년부터 1850년 사이에도 있었다.

1926년 7월에 동쪽 성벽 외측의 벽돌 담과 타구 20여 장이 홍수에 떠내려 갔고 1937년 후에는 남쪽 성벽 서단에 소남문을 더 냈다. 그 후 서창 성벽은 많이 훼손되었지만 보수가 이루어지지 않았고 잡초와 나무들이 성벽에 뿌리 내리며 무성하게 자랐다.(이를테면 대통문 구간의 황갈나무)

20세기 80년대 당지 문화재 기관의 조사에서 서창 성벽은 건평(북)문, 안정(동)문, 대통(남)문 그리고 북쪽 성벽과 서쪽 성벽의 잔존 구간을 제외하고는 전부 사라진 것으로 나타났다. 하지만 성벽 유적은 홍수와 지진, 성벽 훼손과 보수 역사 연구에 중요한 가치를 가지고 있다. 1998년에 지방 정부는 높이 23m되는 대통문 성루를 중건하고 14세기부터 17세기 사이의 전석 성벽을 복구했으며 불법으로 성벽과 성루를 점용한 기관과 주민들을 이전시키고 대통문의 외옹성을 복원했다.

1987년에는 서창 고성 북문이 시급보호문화재로, 1991년에는 서창 고성 대통문과 안정문이 사천성 성급보호문화재로 지정되었다.

대통문(大通門) 성루

성도 성벽

成都城

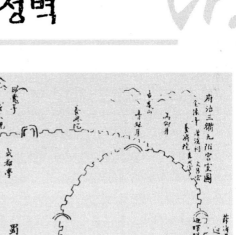

성도성 안내도

　천서 평원 중심에 있는 성도는 '용(蓉)'으로 약칭되며 예로부터 '천부지국'이란 아름다운 명칭을 가지고 있으며 1982년에 국가역사문화명성으로 지정되었다.

　기원전 311년에 진나라 재상 장의(張儀)가 복정(卜定)을 성터로 정하고 촉군 군수 장약(張若)이 대성(大城)과 자성(子城)을 쌓았다. 기원전 115년에 성도성을 증축한 후 기원 876년에 사천 절도사 고병(高騈)이 짧은 시간 내에 대규모적으로 나성(羅城)(태원성이라고도 함)을 쌓았으며 927년에 맹지상(孟知祥)이 후촉(後蜀)으로 재임하고 있을 때 나성 밖에 흙을 달구질해 '양마성(羊馬城)'(신성이라고도 함)을 증축했다.

　1371년에 이문충(李文忠)이 부대를 이끌고 성을 증축하고 해자를 준설했으며 1378년에 도지휘사 조청(趙清)이 옛성터를 기초로 나성보다 좀 작게 성도성을 증축했는데 높이는 3.4장이었고 외측에는 전부 벽돌을 쌓았다. 그 후에도 증축과 보수는 여러 차례 있었다.

17세기 후기에 순무 장덕지(張德地)가 기타 관리들과 함께 모금을 하여 성도성을 중수했는데 성문 네 개에 모두 성루를 쌓고 1718년에는 부성(府城) 서쪽에 만성(滿城)을 수축했다.

1912년 이후에 도시가 급속도로 발전하면서 성도성은 부득이 철거되거나 성문을 더 낼 수밖에 없는 처지였고 1937년부터 1945년 사이에는 일본군의 공습을 막기 위해 각 교통요지의 성벽 일부를 철거했다.

1958년에 성도시 제2기 인민대표대회 4차 회의에서 성벽철거안이 통과되었고 이로써 일부 군사부문과 관련 있는 500여 m 구간을 제외하고는 성벽이 거의 모두 철거되었다. 20세기 80년대 이후 성도 성벽에 대한 정부의 관심이 커지면서 일부 성벽 잔존구간들 (이를테면 북교장 외에 있는 수동문 성벽, 동교장 성벽유지, 서수문 성벽유지 등)도 보호와 보수를 받게 되었다.

성도성 서성벽 유적 보호 표지비

중화민국초년의 성도성과
성문 앞의 패방

보수를 거친 성도성 남
성벽

보수를 거친 성도성
북성벽 구간

성도성 동문 성벽 유적 보호 표지비

성도성 동성벽
일부

송반 성벽

松潘城

송반성 안내도

송반은 옛날에 송주라고 불렸으며 사천성 아파(阿坝) 장족(藏族) 강족(羌族) 자치주 동북부에 있는 중요한 역사적 변강 요충지이며 사천성 서북 문호 중의 하나이다.

송반에서 언제부터 성을 쌓았는지는 알 수 없으나 기원 7세기 초부터 13세기 후기에 '유원토성(柔遠土城)'이 수축되었다가 후에 무너졌다는 설이 있다. 기원 1379년에 평강장군 정옥(丁玉)이 영주위(寧州衛) 지휘 고현(高顯)을 송주로 파견하여 위성을 쌓도록 명했으며 고현은 숭산 아래에 토성을 쌓았다. 1384년에 지휘 서개(徐凱)가 토성을 대규모로 개축하였는데 외면은 벽돌과 돌을 엇갈아 쌓아 높이를 2.6장으로 했다. 1436년부터 1449년 사이에 어사 관침(冠琛)이 송반 병비로 재임하고 있을 때 성벽을 증축하여 둘레길이는 9.7리로 총 1746장에 달했으며 높이는 3.5장, 성문 다섯 개에 깊이 1.9장, 너비 3장인 해자를 팠다. 1526년에 송반 총병 하경(何卿)이 성 남쪽에 외성을 증축했는데 둘레길이는 2.7리로 총424.7장이였고 높이는 1.8장, 성문은 두 개를 설치했다.

1644년 이후의 오랜 시간 송반성은 문헌에 기록된 바가 없고 1882년에 송반 동남쪽 귀퉁이 성벽이 무너져 총병 하육수(夏毓秀), 동지 채무강(蔡懋康)등이 여러 경로의 모금운동을 통해 성벽을 보수했다고 기록되어 있다.

1912년 이후 송반성은 점차 훼손되고 성루도 무너졌으며 심지어 일부 구간은 인위적인 철거를 당했다.

20세기 80년대 이후에 송반성벽과 성문, 성루가 전부 복원되었다. 송반 옛성은 내성과 외성(남쪽) 두 겹으로 이루어져 있는데 내성은 숭산을 가로질러 산세를 따라 거의 삼각형 모양을 이루고 있으며 동쪽 숭산 아래의 계곡부분은 장방형 모양으로 되어 있다. 남쪽 외성은 내성 남쪽의 계곡 제방과 닿아 있으며 내성과 통할 수 있도록 성문이 나져 있고 장방형 모양으로 되어 있다.

2001년에 송반 고성벽은 전국중점보호문화재로 지정되었다.

송반 고성문 전경

전석 구조의 송반 아치형 고성문

송반 고성

송반 고성

보수를 거친 송반 고성문과 벽체

송반 고성

송반 고성벽의 등성 보도

송반 고성벽의 등성 보도

广汉城

광한 성벽

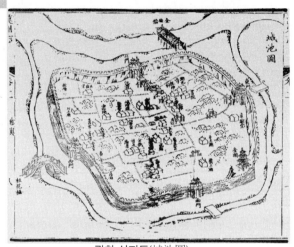

광한 성지도(城池圖)

성도평원 중심에 있는 광한은 옛날에 '낙성(雒城)'이라 불렸으며 예로부터 '사천의 교통요충지, 서울로 통하는 유일한 길목'으로 이름나고 있다.

낙성은 일찍 기원 25년부터 220년 사이에 처음으로 토성을 쌓았는데 끊임없는 전란을 겪으면서 기원 14세기 중기에 이르러 심각하게 훼손되었다.

기원 1372년에 지휘사 시호(柴虎)가 도시 방어를 위해 흙을 달구질하는 방법으로 성을 개수했는데 둘레길이는 5리, 높이는 1.8장이였고 성문은 네 개를 설치했으며 깊이 5척되는 해자를 팠다. 1463년에 백성들이 반란을 일으켜 변방을 침범하자 지주(知州) 이정(李鼎)이 군민을 이끌고 성을 대규모로 개수했는데 중건 후 성문은 네 개를 설치했고 성문마다 성루를 쌓았다. 1511년에 안찰사(按察司) 첨사(僉事) 학관(郝珀)이 대규모적인 보수 공사를 진행했는데 토성 외측에는 벽돌을 쌓고 부분적인 구간을 증축하여 둘레길이는 총 9.7리가 되었다. 높이는 여전히 1.8장이였고 성루는 다섯 개 쌓았으며 해자는 깊이 8척에 너비는 1.5장 이였다. 1628년부터 1644년 사이에 한주성(漢州城) 성벽과 부속 건축들이 많은 곳이 훼손되었다.

하여 1771년에 지주 서심(徐諗), 송반청(松潘廳)과 동지 전부(錢溥)가 구간을 나누어 성을 대규모로 보수했고 보수과정에 보수기록까지 상세하게 남겼다. 완공된 후 성의 둘레길이는 8,629리로 총 1553.3장이었다. 이외에도 1644년부터 1911년 사이에 한주(漢州) 지방관리들도 군대와 백성들을 이끌고 해자를 소통하고 제방을 다지는 공사를 여러 차례 진행했다.

1937년 이후 영조학사(營造學社) 양사성(梁思成) 등이 현지(縣誌) 편찬을 위해 광한에서 찍은 400여 장의 사진에 나타난 광한 성벽은 여전히 완정한 모습이였으며 후에 와서 점차 훼손되었고 대부분은 인위적으로 철거되었다.

1982년 이후 도시건설과 함께 성, 시문화재기관에서는 선후로 옛 낙성 유적에 대한 선택적인 발굴을 진행했다. 낙성 유적은 오늘날 사천성 광한시 관할 구역 내에 있는데 동쪽으로는 외동순성로(外東順城路), 남쪽으로는 방호공원(房湖公園) 남쪽, 서쪽으로는 계화가(桂花街) 남단, 북쪽으로는 압자하(鴨子河) 남안까지 그 면적이 총 1.6㎢에 달한다.

1991년에 낙성 유적은 성급보호문화재로, 2012년에는 전국중점보호문화재로 지정되었다.

광한성 서문

昆明城

끈명 성벽

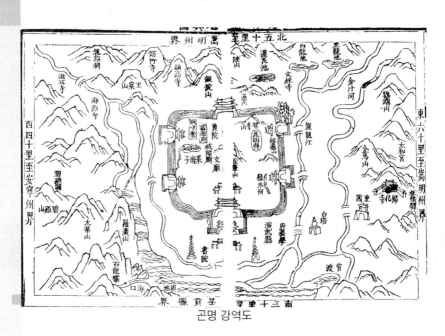

곤명 강역도

중국 서남부 운귀고원 중부에 있는 곤명은 기후가 쾌적해서 '봄의 도시'라 불리는 국가역사문화명성이다.

곤명에서 일찍 언제 성을 쌓았는지는 고증할 수 없다. 기원 764년에 봉가이(鳳伽異)가 동쪽 성벽을 확대해서 토성을 쌓았는데 규모와 형태는 고증할 수 없으며 877년 이후에 남조(南詔) 융순(隆舜)이 선천(鄯闡)을 '상도(上都)'로 정하면서 선천성(鄯闡城)이라 했는데 1275년에 중경성(中慶城)으로 고쳐 불렸고 형태와 규모 역시 고증할 수 없다.

1382년에 목영(沐英)이 성 기반을 확대하여 성을 증축하면서 전성으로 개수했는데 성 규모에 대해서는 문헌마다 다르게 기재되어 있으나 대체로 9리3분이라는 설에 무게가 실리고 있다. 성은 높이가 2.92장이고 제형 모양으로 서북쪽은 장방형, 동남쪽은 삼각형으로 되어 있으며 성안에는 원통산(圓通山)과 취호(翠湖)가 있고 1620년에 순안사(巡按史) 반준(潘濬)이 성을 중수했다.

1660년에는 성벽에 훼손된 구간이 있어 성을 중수했고 1681년에는 오삼계(吳三桂)를 공격하면서 성벽이 훼손되어 성을 중수했다. 1833년에는 지진으로 담과 고루(鼓樓)의 대부분이 무너져 1855년에 성을 중수하고 계문루(啓文樓)를 개건했으며 담을 한 장 정도 더 높였다. 1911년에 성 서북 모퉁이가 공격에 무너져 즉시 복원했다.

1919년에 교통 편리를 위해 성 동남 모퉁이에 성문을 하나 더 설치하고 호국문(護國門)이라 했는데 소남문(小南門)이라고 속칭된다. 1922년에는 도시 시설 설치로 여정문(麗正門)과 옹성을 철거하고 근일공원(近日公園)을 건설했는데 근일루(近日樓)는 그대로 두고 여정문(麗正門)은 정의문(正義門)으로 이름을 고쳤다. 1930년에는 정의로(正義路) 동쪽부터 호국로(護國路) 서쪽까지의 성벽을 철거하고 남병가(南屏街)라고 했는데 현재는 남병보행거리로 되었다.

1951년에 곤명정부는 호국문(護國門)으로부터 원통공원(圓通公園)까지의 성벽 구간을 철거하고 청년로(青年路)를 개설했으며 후에는 또 근일공원에서 소서문, 대서문에서 원통공원, 소서문에서 대서문에 이르는 성벽 구간도 육속 헐어 버리고 도로를 개설했다. 현재는 원통공원 동북 모퉁이 구간 하나만 잔존해 있는데 길이는 30m이고 높이는 7.4m이며 꼭대기 부분의 너비는 24m이다. 이는 원래 수청문(水清門) 동북쪽의 돈대로 세 면은 장방형 모양의 대형 내화벽돌을 쌓고 중간은 흙을 달구질해서 채웠다.

1983년에 곤명성 잔존 성벽 유적은 시(현)급보호문화재로 지정되었다.

곤명시 명나라 성벽 잔존구간

옛날 곤명의 문루(윗 사진)　　　　곤명시 중점보호문화재로 지정된 명나라 성벽
　　　　　　　　　　　　　　　　　　　잔존구간 보호 표지비(아래 사진)

벽돌과 돌을 혼합하여 쌓은 곤명 성벽 벽체 (윗사진)

곤명 성벽 모퉁이(아래 사진)

大理城

대리 성벽

圖全市街城縣理大

대리 현성도(縣城圖)

　대리는 중국 운남성 서부에 있는데 과거에 남조국(南诏国)과 대리국(大理国)의 도읍이였으며 국가역사문화명성이다.

　대리의 성 축조는 기원 7세기로 거슬러 올라 가며 성은 산마루에 수축되었는데 이름은 '태화(太和)'였다. 기원 737년에 남조왕 피라각(皮羅閣)이 태화성을 함락하고 이듬해 남조국을 세웠으며 태화성을 도성으로 일부 증축과 보수를 진행했다. 779년에 남조왕 이모심(異牟尋)이 양저미성(羊苴咩城)으로 도읍을 옮겼는데 구체적인 위치는 오늘의 대리성 서쪽으로 된다.

　1382년에 명나라 군대가 대리를 점령하면서 양저미성(羊苴咩城)은 폐기되고 지

휘 주능(周能)이 다시 전성을 중축했는데 '자성(紫城)' 또는 '엽유성(葉楡城)'이라고
도 한다. 1383년에 도독(都督) 풍성(馮誠)이 지휘사 정상광(鄭祥廣)을 거느리고 동
쪽 성벽을 100장 중축하여 둘레 길이는 12리였고 높이는 2.5장, 너비는 2장이였으며
성호의 너비는 4장, 깊이는 8척이였다.

17세기 60년대에 제독(提督) 장국주(張國柱), 지부 만방화(萬邦和)가 성벽을 중수
하면서 타구 3개를 2개로 만들었고 1739년에 담이 무너져 지현 요각상(姚恪詳)이
성을 중수했다. 1851년부터 1861년 사이에 두문수(杜文秀)가 성을 점령하고 반역을
꾀했으며 1872년에 순무 잠육영(岑毓英)이 군사를 거느리고 성을 공격하면서 지하
도를 팠는데 이로 하여 동, 남쪽 성벽 300여 장이 무너졌고 그해에 자금을 모아 성
벽을 중수했다.

1949년 이후에 대리성벽은 대부분이 철거되었는데 1982년에 지방 정부에서 남성
문을 중수했고 1999년 4월 25일에는 2650만 위안이 투자된 대리고성벽 1기 복원공
사가 마무리되었다. 지금까지 보존되어 있는 성벽 구간은 남쪽 성벽과 북쪽 성벽의
일부이다.

1961년에 태화성 유적은 전국중점보호문화재로 지정되었으며 1985년에는 대리성
이 시급보호문화재로, 1987년에는 양저미성 유적이 성급보호문화재로 지정되었다.

대리시 태화성(太和城) 유적 범위 안내도

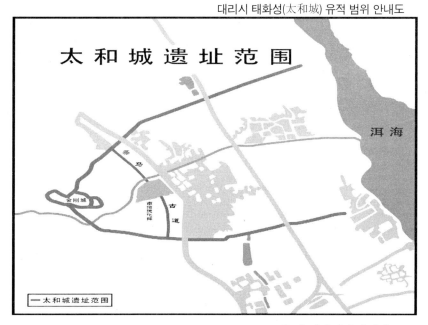

20세기 30년대 운남 대리의 성문
으로 통하는 큰 거리

용미관(龍尾關) 유적

보수를 마친 대리고성

20세기 30년대 운남 대리의
오화루(五華樓)

20세기 30년대 대리의 성벽
을 따라 이어진 관널
재래시장

보수를 마친 용미관(龍尾關)
성문과 성루

여강 성벽

丽江城

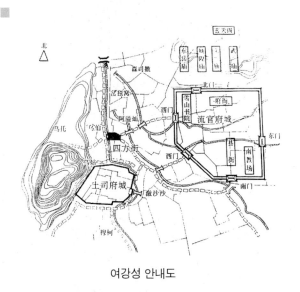

여강성 안내도

중국 서남부 운남성 여강시에 있는 여강은 '대연고진(大硏古鎭)'이라고도 하며 중국역사문화명성으로 전체 고성(古城)이 성공적으로 세계문화유산에 등재된 된 고성 중의 하나이다.

여강 고성의 형성 시간에 관해서는 두 가지 설이 존재한다. 하나는 기원 13세기 후기에 여강 목씨(木氏) 선조가 통치 중심을 백사(白沙)에서 현재의 사자산(獅子山)으로 옮기면서 '대엽장(大葉場)'을 세웠는데 이를 시작으로 고성이 생겼다는 것이고 다른 하나는 고성의 역사를 600년을 거슬러 7세기로 잡아야 한다는 것이다. 물론 이 두 가지 설은 뒷받침할 만한 문헌 기록이 없어 고증할 수가 없다.

기원1368년부터 1644년 사이에 여강고성은 주로 목씨 지부들이 세습으로 통치했는데 이들은 모두 성을 쌓지 않았다. 이에 관해서는 두 가지 설이 존재한다. 하나는 나시(纳西)를 통치하고 있던 토사(土司)가 성이 목(木)씨였는데 성벽을 쌓을 경우, 목(木) 자가 입 구(口) 자에 들어가는 꼴이 되는데 이는 괴로울 곤(困) 자가 되며 이로써 어려움에 처할 수 있다고 여겨 성 쌓기를 극히 꺼렸다는 것이다. 다른 하나는 청산이 여강 고성을 둘러 싸 천연 성벽을 이루었고 또 외부로 통하는 길목에는 천연 수로인 관문이 있어 방어역할을 했다는 것이다.

1723년에 개토귀류[개토귀류 정책은 일종의 중앙집권 행정제도로 변경지역의 토착세력을 몰아내고 중앙정부에서 파견한 관리가 권력을 쥐고 행정을 관리하는 제도이다.] 후 순무 양명시(楊名時)가 건의하여 성을 쌓게 되었는데 성 기반은 돌을 쌓고 위에는 기와를 얹었으며 둘레 길이는 4리, 높이는 1장이였고 성문 네 개에는 모두 성루를 쌓았다. 1751년에 지진으로 성벽이 크게 훼손되어 지부 번호인(樊好仁)이 성을 중수했는데 1793년에 재차 무너지면서 성을 다시 중수했다. 1873년에 순무 잠육영(岑毓英)이 조서를 올려 전성으로 개건할 것을 요구했으나 무산되고 말았다.

현재 여강고성에서는 성벽을 찾아볼 수 없고 북문마루(北門坡), 남문교(南門橋), 영반낙(營盤洛) 등 지명을 통해서만 옛날 성벽의 존재를 알 수 있을 뿐이다. 여강고성은 나시 문화의 정화이며 10세기 이래 형성된 역사적인 풍모를 완정하게 보존하고 있어 2011년에 국가 5A급 관광지로 지정되었다.

여강 관문구(關門口)

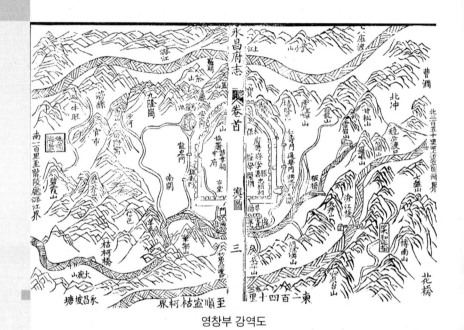

保山城

보산 성벽

영창부 강역도

　　운남성 서남부에 있는 보산은 옛날에 영창(永昌)이라고 불렸으며 운남성 역사문화명성으로 밖으로는 산과 강을 사이두고 미얀마와 이웃하고 있고 안으로는 대리(大理), 임창(臨滄), 노강(怒江), 덕굉(德宏)등 4개 주 또는 시와 이웃하고 있다.

　　보산은 기원 743년에 남조왕 몽씨(蒙氏) 피라각(皮罗阁)이 토성을 수축하면서 성이 처음으로 축조되었는데 성의 규모와 형태는 알려진 바가 없고 1278년에 도원수 단아경(段阿慶)이 중축했다.

　　1382년에 지휘 왕진(王真)이 13, 14세기의 옛 성터에 성을 다시 중수했는데 1383년 7월에 추사가(酋思可)에 의해 무너지고 말았다. 하여 1385년에 영창을 수호하고 있던 운남 전위지휘(前衛指揮) 이관(李觀)이 옛 성터에 다시 성을 수축하면서 토성을 전성으로 바꿨고 태보산(太保山) 정상에 자성(채자정(寨子頂)이라고 속칭됨)을 쌓아 군대를 주둔시키고 성을 지켰다. 1395년에 지휘사 호연(胡淵)이 서쪽 성벽을 확대하여 수축해서 성문 여덟 개에 둘레 길이는 13리 남짓했다. 1549년에 부사 한정위(韓廷偉)가 또 서쪽 성벽을 증축했으나 전란 속에서 성곽과 망루 전체가 무너졌다.

1700년에 총병 주화봉(周化奉), 지부 나륜(羅倫), 지현 정혁(程奕)이 성을 중수한 이후 1717년에 지현 염기(冉琪)가 성을 재건했다. 하지만 1860년에 반란군이 성을 점령하고 1872년에 관병들이 성을 공격하면서 성벽 대부분이 무너졌다.

1942년에 중국 침략 일본군의 폭격으로 보산성은 훼손이 심각했으며 후에 비상시 인구 소산을 위해 성벽 여러 곳을 헐어 통로를 만들었다. 1951년 이후 동문 성루와 소북문 문동(門洞)이 잇따라 훼손되었으며 1960년 이전에는 남문 성루도 철거되었다.

20세기 80년대 이후 문화재 연구소의 조사에서 보산고성은 성벽과 성문은 거의 다 없어지고 서북쪽의 인수문(仁壽門) 문동과 양쪽 성벽, 그리고 인수문(仁壽門)에서 서남쪽의 용천문(龍泉門)까지 태보산(太保山) 산등성이를 따라 드문드문 남아있는 성벽 구간만 확인되었는데 부분적인 성벽 구간은 여전히 히 판독할 수 있었다. 유적에서 알 수 있다시피 성벽은 서쪽을 등지고 동쪽을 향해 있는데 대략 장방형 모양이고 총 면적은 약 2.7 km² 이며 산 아래 부분이 2.2 km² , 산 위의 부분이 0.5 km² 이다.

1988년에 영창부성벽(인수문에서 용천문에 이르는 성벽 잔존 구간)은 시급보호문화재로 지정되었다.

보산시 행정구역 소속인 등충성(騰沖城) 조감도(1944년 전쟁 전 항공촬영)

보산시 중점보호문화재로
지정된 영창부 성지 문화
재 보호표지비

영창부 성문의
아치형 구조

영창부성 옛성문

영창부 성문
내부 구조
(왼쪽 사진)

영창부 성문의 벽
돌 아치형 구조
(오른쪽 사진)

祥云城

상운 성벽

상운 현성 안내도

보수를 마친 아치형 성문 외관

운남성 중부에서 서쪽방향으로 치우친 곳에 있는 상운은 원명이 운남현(雲南縣)이고 운남성 4대 계곡분지 중의 하나이며 전서(滇西)지구의 교통요충지로 전서 여덟 개 지방 ｜ 전서 여덟 개 지방은 초웅(楚雄)′ 대리(大理)′ 여강(麗江)′ 적경(迪慶)′ 노강(怒江)′ 임창(臨滄)′ 덕굉(德宏)′ 보산(保山)을 가리킨다.｜에서 필히 거치는 중요한 지역이다.

상운은 기원 1382년에 지휘 주능(周能)이 토성을 중축하면서 성을 쌓기 시작했는데 이듬해에 독병(督兵) 육안후(六安侯) 왕지(王志)와 안경후(安慶侯) 구성(仇成), 장용(張龍) 등을 파견하여 병사 만 명을 이끌고 군사 주둔용 보루를 수축했으며 또

도독(都督) 풍성(馮誠), 지휘 내진(賴鎭)과 천백호(千百戶) 등을 파견하여 이해성(洱海城) 수축을 감독하게 했다. 성은 둘레 길이가 12리였고 높이는 25척이었다. 1386년에는 아래는 돌을, 위는 벽돌을 쌓아 전석 혼합으로 담을 개축했는데 높이는 23척이였고 두께는 14.3척이였으며 길이는 1612궁(弓)이였다. 1623년에 지진이 일어나 동남 모퉁이의 성루와 성가퀴 전부가 무너지고 남루만 남게 되었다.

1669년에 수비 엽진(葉蓁), 지현 왕청도(王請度)와 도방승(涂方昇)이 성을 중수하고 1761년에 지현 서심(徐諗)이 정부에 자금을 신청하여 성을 대규모로 보수했는데 공사가 끝난 후 성은 둘레 길이가 920장이였고 남문에는 월성이 증축되었다. 1877년에 큰 비로 성벽이 또 50여 장 무너져 지현 명태(鳴泰) 등이 400냥을 모금하여 담을 복건시켰는데 네 개의 성문과 성루는 제외되었다.

20세기 70년대 중기에 성문 네 개는 보존상태가 완정했고 성벽도 대부분 남아 있었으나 1957년에 소월성을 철거한 이후 1976년에는 주택건설로 동, 서, 북쪽 성벽과 서, 북성문을 잇따라 철거했고 1978년에는 백화상점 건설을 위해 남성문을 철거했으며 같은 해 또 남대가(南大街) 도로 건설을 위해 남쪽 성벽마저 철거해 버렸다.

1987년 2월에 정부에서 3.46만 위안의 자금을 내려 문화국에서 성 보수를 책임지도록 했다. 현재 유일하게 남아 있는 동성문 문동은 벽돌로 아치형으로 쌓았는데 높이는 3.7m이고 아랫부분의 너비는 4.2m이며 앞쪽에서 뒷쪽까지의 길이는 24m이다. 문동은 일부 붕괴되었으나 잔존 부분에는 그 시대의 문동의 풍격이 그대로 남아 있고 성벽도 부분적으로 보존되어 있다.

상운성 유적은1983년에 현급 보호문화재로, 2003년에는 상운성이 성급보호문화재로 지정되었다.

보수를 마친 아치형 구조의 진양문
(鎭陽門)

귀양 성벽

貴陽城

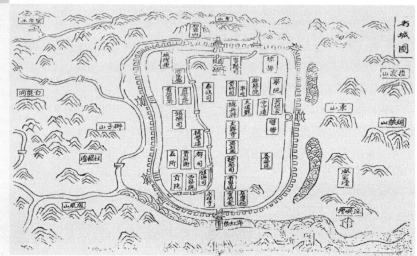

귀양성 안내도

　귀주성 중부의 산과 구릉지대의 중심, 양자강과 주강의 분수령지대에 있는 귀양은 귀주성에서 제일 큰 도시이다. 귀양은 예로부터 산과 구릉이 어우러진 지형적 특성으로 일명 '산의 도시'로 불리고 있다.

　귀양 지구는 산재부락이란 거주적 특성으로 성 축조도 늦게 시작되었는데 문헌에는 기원 1292년에 처음으로 성을 수축했다고 나와 있다. 당시 원나라 정부에서는 팔번순원(八番順元) 선위사(宣慰司) 도원수부(都元帅府)를 순원성(오늘의 귀양시 남부)에 설치하면서 토성을 증축했는데 이것이 처음으로 되는 성 축조이다.

　1372년에 의위사(宣慰司)가 주둔하고 있는 지역에 대한 방어를 위해 진원후(鎭遠侯) 고성(顧成), 도지휘사 마엽(馬曄)이 순원성 옛 터를 이용하여 의위사성(宣慰司城)을 쌓았다. 담의 일부는 돌로 쌓았는데 둘레길이는 1372장이였으며 성문 다섯 개에 성루 네 개, 각루는 하나였다. 이외에 방어구간은 40개로 나뉘어져 있었고 수문도 두 개 설치되어 있었다. 1382년에 도지휘 마엽이 북쪽 성벽을 산기슭까지 확장하여 증축하면서 토성을 석성으로 바꿨는데 둘레길이는 9.7리였고 높이는 2.2장이였으며 성문은 다섯 개를 설치했다. 서쪽과 남쪽은 남명하(南明河)로 천연 해자를 이루었고 동쪽과 북쪽에는 인공 해자를 팠다. 1626년에 총독 장학명(張鶴鳴), 순무 왕감(王城)이 북문 밖에 길이 600여 장 되는 외성을 증축하고 외성에 성문을 네 개 설치했다.

비공식적인 통계에 의하면 1647년에 농민 봉기군 장헌충(張獻忠)의 수양 아들 손가망(孫可望)이 외성을 훼손한 후로 1840년까지 비교적 큰 규모의 보수는 열두 차례나 진행되었다.

1927년에 오랫동안 보수를 하지 않아 옛 성 북문 성루 서남모퉁이가 빗물에 무너지면서 성정부에서는 부득이 성벽 철거령을 내렸다. 1939년 2월 4일에 중국 침략 일본군이 귀양성을 포격하였는데 소산 수요로 대남문(大南門)과 대서문(大西門) 등 여러 구간의 성벽과 성문을 대규모로 철거했고 그후에도 도시교통을 위해 잔존 성벽마저 대부분 철거하여 지상에 남은 것이라고는 문창각(文昌閣) 구간의 성벽밖에 없었다.

1982년에 문창각과 관련 구간 성벽은 귀주성문화재로 지정되었다.

청암진(靑岩鎭) 정광문(定廣門) 주변 성벽과 타구

청암진(靑岩鎭) 정광문(定廣門)
아치형 내부 구조

청암진(靑岩鎭) 정광문
(定廣門)

무승문(武勝門) 부근의 성
벽과 성루(아래사진)

무승문(武勝門)

아치형 귀양성 남문

道真城

도진 성벽

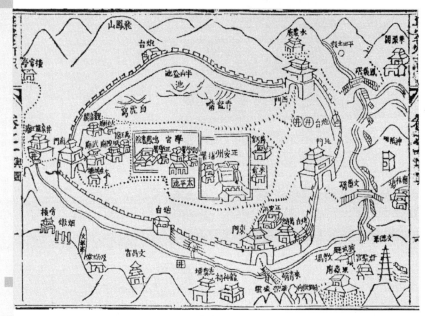

도진성 안내도

　도진의 전칭은 '도진 흘로족 묘족 자치현'으로 귀주성 최북단에 위치해 있는데 예로부터 "귀주와 사천의 문호, 은삼나무의 고향, 흘로족의 고향, 나희의 (중국의 안휘(安徽)성 귀지(貴池)·청양(靑陽) 일대·호북(湖北)성 서부 산간 지대에서 유행하는 희곡의 일종) 왕국"으로 불린다.

　역사적으로 진안주(眞安州)(정안주(正安州))는 정권의 설립 또는 이전과 함께 성이 다시 수축되기 때문에 성 축조가 비교적 복잡한 양상을 나타낸다. 기원 1600년에 양응룡(楊應龍)의 '파주의 난'을 조정에서 평정한 후 준의(遵義)부 동지(同知) 곽유병(郭維屛)은 성을 대규모로 수축했는데 둘레 길이는 2.9리였고 높이는 1.4장, 너비는657.1장이었다. 타구는 2368개였고 성문 네 개에는 모두 성루를 쌓고 성밖으로는 해자가 감돌아 흐르게 했다. 1609년에 큰 비로 성의 일부 구간이 무너지면서 지주(知州) 애응갑(艾應甲)이 보수를 했으며 1620년에는 성을 삼강리(三江里) 칠갑(七甲)에 있는 무본당(務本堂)으로 옮기고 신주(新洲)라고 불렀다.

1673년에 주치(州治)가 다시 덕계리(德溪里) 토평(土坪)으로 이전되었지만 성은 수축되지 않았다. 1738년에 지방관리의 건의로 고봉(古鳳)을 주 소재지 성터로 정하고 성을 수축했는데 성문은 네 개였고 성문마다 성루를 쌓았다. 둘레 길이는 2.95리, 너비는 532장, 높이는 1.8장이였으며 두께는 1장이였고 꼭대기 너비는 7척으로 줄였다. 그후 구 진안주성(眞安州城)은 오랫동안 보수를 보수를 하지 않아 점차 훼손되고 심지어 인위적으로 철거되었다.

20세기 80년대이후 당지 문화재 기관의 조사에서 진안주 옛 성의 원래의 둘레 길이는 2340m로, 잔존 성벽은 약 800m로 확인되었으며 잔존 성벽은 지방 정부에 의해 부분적으로 보수되고 보호를 받고 있다.

1982년에 도진 진안주 옛 성은 성급보호 문화재로 지정되었다.

진주(眞州) 고성문

福泉城

복천 성벽

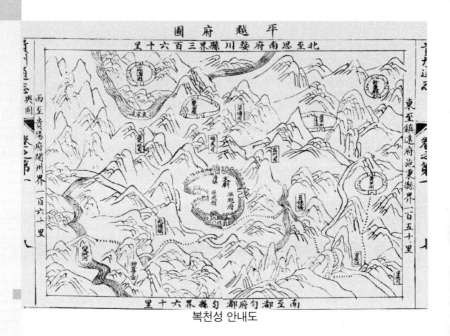

圓府越平

복천성 안내도

　　귀주 중부 그리고 검남(黔南) 포의족묘족자치주 북쪽에 위치한 복천은 옛날에 평월(平越)로 불렸다.

　　복천은 기원 1381년에 평월 천호소 설치와 함께 지휘 이복(李福)이 토성을 수축하게 되었는데 이듬해에 평월 천호소가 평월위(平越衛)로 바뀌었고 성 수축공사도 평월위성으로 마무리되었다. 1401년에 토성을 석성으로 개축했는데 둘레길이는 1400장이였고 높이는 2.2장이였으며 너비는1.5장이였다. 성문 네 개에는 모두 성루를 쌓고 외옹성은 세 개 설치했으며 와포(窩铺) 45개에 회랑식 각루도 1540개나 쌓았다. 1603년에 지부 양가도(楊可陶)와 지휘 해국주(奚國柱)가 수성 밖에 외성 55장을 증축한 이후 1642년에 지부 진소영(陳紹英)이 성을 증축했는데 망루 12개를 쌓고 북쪽 모퉁이에는 돈대를 설치했으며 돈대 위에 성루를 쌓고 '웅진(雄鎭)'이라 했다. 1661년 이후에는 수도(守道) 서굉업(徐宏業)에 이어 지부 유전욱(喩全昱)이 성벽을 증축했다.

    1851년부터 1874년 사이에 평월성이 묘족 봉기군에 의해 장기간 점령되면서 성벽 여러 군데가 파괴되었는데 19세기 70년대 이후에 주목(州牧) 등재용(邓在镛), 부대형(傅大亨), 정영수(程榮壽), 노병장(勞炳章), 주병저(周炳著) 등 지방관리들이 정도 부동한 보수를 했다.

    1912년 이후에 평월성은 점차 훼손되고 무너졌으며 1967년 전후에는 대부분 성벽이 인위적으로 철거되었다.

    20세기 80년대 이후 당지 문화재기관의 조사에서 복천(평월)성은 외성과 소서문 옆의 담 한 구간만 확인되었는데 수성은 거의 완정하게 보존되어 있었고 성문 다섯 개는 서문을 제외하고는 전부 무너지고 아치(성루는 이미 훼손됨)형 구조만 남아 있었다. 그 후 성정부, 시정부와 문화재기관의 지지와 성원으로 복천성 잔존 성벽에 대한 보수와 복원공사를 진행했다.

    2001년에 복천 고성벽은 전국중점보호문화재로 지정되었다.

복천성벽 수문 유적 전모

복천성벽 수문

복천성벽 타구

복천성 동문

국가 중점보호문화재로 지정된 복천
성벽 문화재 보호 표지비

성급 중점보호문화재로
지정된 복천 고성벽 문화
재 보호 표지비

복천성 서문

鎭遠城

진원 성벽

진원부 안내도

　귀주성 동부 무릉산 산간지대에 위치한 진원은 귀주의 동대문으로 1986년에 전
국역사문화명성으로 지정되었다.

　진원에서 가장 일찍 언제 성을 축조했는지는 고증할 수 없지만 문헌에는 기원
1368년 이후로 나와 있다. 그 시기 진원성은 먼저 위성(衛城)이 있었고 후에 부성
(府城)이 수축되었다. 진원은 무양하(舞陽河)를 사이에 두고 강 남쪽에는 방위성이,
강 북쪽에는 부성이 있어 예로부터 '일수분양성' 다시 말하면 강 하나가 성을 두 개
로 갈라 놓는다는 말이 전해지고 있었다.

　진원은 오로산(五老山) 아래에 위(衛)를 설치하면서 1389년부터 성을 축조하기 시
작했다. 둘레 길이는3090m였고 높이는 4.3m, 꼭대기 너비는 2.6m였으며 성가퀴는
1872개, 성문은 다섯 개를 설치했다. 홍수를 방지하기 위해 관민들은 여러 차례 모
금을 하여 성을 보수했고 북문 주성벽에서 위로 100m 쯤 되는 곳 바깥 쪽에 부성

벽을 쌓아 주성벽을 더욱 튼튼하게 보호했다.

진원 부성의 축조는 그 시기가 문헌마다 서로 다르지만 대체적으로 1506년부터 1521년 사이로 된다. 진원부성은 지부(知府) 정절(程火節)이 강을 가로지르는 험요한 절벽에 쌓았는데 성문은 세 개였고 성문마다 성루가 있었다. 처음 수축할 때는 길이가 45장이고 높이가 1.5장이었으나 후에 끊임없이 증축되었다. 1593년에 순안 풍혁원(馮奕垣)이 목가만(木家灣) 성밖에 네모반듯한 청석으로 석성을 쌓았는데 둘레길이는 120장이었다. 이 증축으로 진원부성은 규모가 더욱 커지고 더욱 튼튼해졌으며 이로써 진원성의 기본골격을 갖추게 되었다.

1671년에 지부(知府) 장위견(張維堅)이 성벽을 중수한 후에도 진원부성은 조정과 지방관리들의 중시로 여러 차례 보수되고 증축되었다.

1912년 이후 진원성은 오랫동안 보수를 하지 않은 관계로 훼손되고 무너졌으며 천후궁(天後宮) 서쪽 무양하(舞陽河) 강변으로부터 석병산(石屛山) 꼭대기에 이르는 약 500m구간은 인위적인 철거를 당하고 돌로 다진 성터 일부만 남게 되었다.

20세기 80년대 이후 석병산 꼭대기로부터 동쪽 끝 절벽 꼭대기까지 약 1.5km 구간은 부분적인 곳(일부 부속건축물을 포함)을 제외하면 대체로 보존상태가 완정했다.

1985년에 진원고성벽은 귀주성 성급보호문화재로 지정되었다.

진원성 성문과 성루

진원 고성벽

귀주성 중점보호문화재로 지정된 잔존 진원 고성벽 문화재 보호 표지비

귀주성 중점보호문화재로 지정된 위성 문화재 보호 표지비

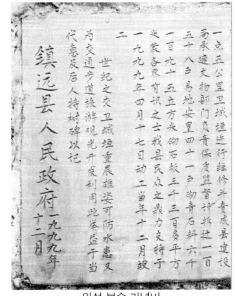

위성 보수 기념비

진원 위성 잔존 성벽

海龙囲城
해룡돈 성벽

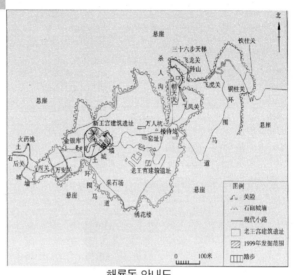

해룡돈 안내도

해양돈 정문

준의(遵義) 옛시가지 북쪽에서 약 30리 떨어진 태평향(太平鄕) 백사촌(白沙村) 경내의 용암산(龍岩山) 동쪽, 상강(湘江) 상류에 위치해 있는 해룡돈은 중국 서남지구의 토사(土司)제도와 요충지 시설을 연구하는 완정한 유적인 동시에 중요한 실증적 증거를 제공하는 곳으로 되고 있다.

13세기 중후기에 원나라 병사의 침입을 막기 위해 양문(楊文)이 목가채(穆家寨)를 부지로 선정하고 용암돈을 더 튼튼하게 증축했다. 기원 1573년부터 1620년 사이에 양씨 세습 토사 양응용(楊應龍)이 계속하여 용암돈을 튼튼하게 하는 동시에 성곽 밖에 '양마성(養馬城)'을 증수했다.

1600년에 조정에서는 군사를 파견하여 여덟 갈래로 양응용의 파주지란(播州之亂)을 토벌했고 용암돈이 불타 무너진 후 이름도 '해룡돈'으로 바뀌었다. 19세기 60년대에 해룡돈에 대한 규모가 작은 보수가 있었으나 해룡돈의 전체적인 방위체계는 점차적으로 파괴되었다.

해룡돈은 '삼중성, 구중관'이라 불려지고 있는데 삼중성이라 함은 해룡돈이 세 겹의 성벽으로 되어 있음을, '구중관'이라 함은 해룡돈에 모두 아홉 개의 관문이 있음을 말한다. 구중관을 구체적으로 보면 동쪽 산 아래에는 철주관(鐵柱關), 동주관(銅柱關), 비호관(飛虎關) 등 세 개의 초소가 있어 '하늘 다리'로 형성된 천연 방위체계를 이루고 있고 돈 위에는 비룡관(飛龍關), 조천관(朝天關), 비봉관(飛鳳關) 등 세 개의 관문이 있으며 뒷편에는 만안관(萬安關), 서관(西關), 후관(後關)등이 있었다. 또 외성은 암벽을 따라 해룡돈을 에워싸고 건설되었는데 아래 쪽은 천길 벼랑이었다.

20세기 80년대 이후 지방 정부와 문화재부문은 해룡돈에 대한 보호차원에서 보수공사를 진행했는데 그 과정에 504m되는 성벽을 새로 발견했으며 부분적인 성벽은 지면에 부지기가 남아 있었다. 이 고고학 프로젝트는 '중국 토사제도에 대한 고고학 발굴 관련 중대한 의의'로 2012년에 중국 6대 고고학 새 발견으로 뽑혔다. 현재 둘레 길이가 6km인 화룡돈 주변을 둘러싼 성벽이 지금도 존재하고 있는데 돈내의 면적은 1.59 km² 에 달한다.

해룡돈은 1982년에 귀주성 문화재로, 해룡돈 유적은 2001년에 전국중점보호문화재로 지정되었다. 2015년 7월 4일 독일 본에서 열린 제39차 유네스코 세계유산위원회(WHC)에서 해룡돈은 중국의 3대 토사 유적 중의 하나로 세계 유산 등재에 성공하였다. (남은 두 개의 토사 유적은 호남 영순 팽씨(永順彭氏) 옛사성(司城) 유적과 호북 함풍 당애 담씨(唐崖覃氏) 토사유적이다)

해룡돈성 등성 보도

藏南碉樓群城

장남 조루군 성벽

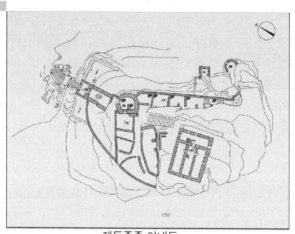

제둔주종 안내도

하이쿠자먼탕 조루

담으로 연결되지 않았을 뿐 티베트 남쪽의 조루군도 사실은 변강을 수호하는 역할을 했던 초기 장성의 형태로 볼 수 있다.

티베트는 기원 14세기 중후기에 대규모로 조루를 건축했다. 당시의 티베트 지방정부는 티베트 각 지역에 13대 종(宗)(종은 현급 1급 기관에 해당)을 설립했는데 초기 종은 모두 험준한 산등성이에 건축되었으며 자체가 하나의 성보였고 부속 건축으로 조루도 포함되었다. 건축 수요에 따라 종보(宗堡) 부근에는 또 서로 멀리 떨어진 곳에 조루들을 건축하여 봉수대 역할을 하게 했다.

조루의 건축배치를 보면 봉수작용을 하는 단독조루는 산등성이에 건축되었고 적어도 두 개 이상의 서로 가까이에 위치한 조루를 한 눈에 볼 수 있도록 만들어졌다. 완만한 비탈에 건축된 조루는 상대적으로 크게 지어졌는데 체적이 봉수작용을 하는 단독 조루 두 개 이상의 크기이고 일정한 방어시설도 가지고 있었다. 이처럼 부동한 수량의 단독 조루와 조합조루는 하나의 방어시스템을 형성하면서 완정한 조루군을 이루었고 또 크기가 서로 다른 조루군들은 서로 어울리면서 웅장한 장남 조루군을 형성하였다.

조루건축은 티베트에 아주 널리 분포되어 있는 바 서쪽 아리지구의 일토현(日土縣)에서 티베트 변경을 따라 동쪽의 창도(昌都)에 이르기까지 모두 조루건축을 찾아 볼 수 있다. 이 중에서 현재 비교적 완정하게 보존되고 조루건축이 집중적인 것은 시가체(日喀則)지구의 니얄람(聶拉木), 야둥(亞東), 산난(山南)지구의 로닥(洛扎), 초나(错那), 초메(措美), 닝트리(林芝)지구의 랑현(朗縣), 미린(米林) 등이며 특히 산난(山南)지구의 로닥(洛扎), 초나(错那), 초메(措美) 세 곳은 조루가 가장 밀집되고 장관을 이루고 있다. 만일 이들이 하나의 성벽으로 이리저리 이어진다면 그야말로 웅장한 장성이라 일컬을 수 있을 것이다.

로자그현 문탕의 조루 (오른쪽 사진)

로자그현 취쉬의 독채 조루(아래사진)

조루의 부속 건축인 벙커

조루의 부속 건축 벙커의 근경

멀리서 바라 본 로자그현 취쉬 조루군

로자그현의 조합식 조루

시가체시 네라무현 문푸향 춘두촌에서 샤다촌 일대의 조루군

제둔주종 복원도

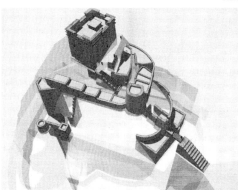

제둔주종 성보

시가체시 네라무현 문푸향 춘두촌에서 샤다촌 일대의 조루군

청와탁쩨종 성벽

青瓦达孜城墙

오른쪽 산등성이에 지어진
칭와탁쩨종 고성

　칭와탁쩨궁전과 성벽 유적은 산남지구 총예현 총예진 소재지의 칭와탁쩨산에 위치해 있는데 동경29°01′46.5″, 북위091°40′50.2″, 해발은 3830m이다. 역사 문헌에는 고대 토번 제 9대첸포부데궁제부터 제 15대 첸포 이시레까지 선후로 총예에 탁쩨, 계쩨, 양쩨, 츠쩨, 즈무총예, 츠즈방두 등 궁전 여섯 개를 지었다고 기재되어 있는데 이것이 칭와탁쩨 6궁이다. 칭와탁쩨 6궁은 기원 7세기 융부라강궁보이후 건축된 두번째로 큰 궁보이다. 6궁은 건축된 연대가 다르지만 서로 가까이 있고 또 방어에 편리하도록 궁전 사이는 성벽으로 연결되어 있다.

　현재 산등성이의 궁보는 세 곳밖에 남지 않았는데 중간의 가장 큰 성보는 흙을 달구질해서 건축된 것으로 벽체의 잔존 높이는 약 5m이고 두께는 1.8m이며 토질

칭와탁쩨종 고성

이 단단하고 벽체가 견고하다. 산등성이를 따라 수축된 성벽은 돌로 쌓은 것인데 현재 거의 다 보존되어 있고 높이는 5m정도이며 너비는 약 4m이다. 벽체는 중간이 비어 있고 상하 두 층으로 되어 있는데 아랫층은 전시 통행을 위해 만들어 졌는데 내부의 높이는 약 2m, 너비는 1m남짓하며 윗층의 완만한 비탈 쪽의 벽체에는 성가퀴를 쌓았다.

파무주빠가 정권을 장악하고 있을 때 티벳에 종(宗)을 설치한 후 칭와탁쩨산 위에 원래의 궁전을 기초로 총예종부(宗府)를 증축했다.

칭와탁쩨종 고성

布达拉宮城墙

포탈라궁 성벽

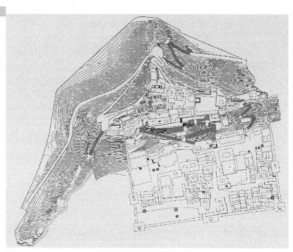

포탈라궁 안내도

기원 7세기에 건설된 포탈라궁은 1300여년의 유구한 역사를 자랑하는, 티베트 현존 성벽 중 가장 크고 가장 완정한 고대 궁전식 성벽 건축군이다.

기원 641년에 문성공주가 티베트로 시집을 간 후, 손챈감포는 그를 위해 특별히 성지를 수축하는 것으로 세인들에게 과시를 했다. 홍산에는 999칸 짜리 집을 짓고 산꼭대기에는 홍루를 지어 총 1000칸에 달했다. 이외에도 매개 변의 길이가 1리에 달하는 웅장한 성을 쌓았는데754년부터 797년 사이에는 벼락이 치면서 불탔고 9세기 상엽에는 병란의 세례를 받으면서 완정하게 보존되기 어려웠다.

현재 유일하게 남아있는 법왕동과 파파라강 관음상은 7세기 초부터 9세기 중엽 사이에 건립된 것이

포탈라궁 성벽

포탈라궁 옛모습

다. 1642년에 제5대 달라이라마가 간덴 포드랑(Ganden Phodrang) 지방정부를 수립하고 1645년에 포탈라궁을 재건하도록 명하였다.

포탈라궁은 홍산 남쪽 산허리에서 산정상으로 지어져 있는데 동서 총 길이는 360여m, 남북 총 길이는 140여m이며 건축면적은 90000m² 에 달하고 산 앞 성곽 이내 부분과 산 뒤의 용왕담(龍王潭)부분까지 합치면 부지면적은 41ha에 달한다.

포탈라궁 앞의 성곽 북쪽은 홍산에 닿아 있고 나머지 삼 면은 높은 성으로 둘러 쌓여 있다. 높이는 6m, 밑부분의 너비는 4.4m, 꼭대기 너비는 2.8m이며 성벽 위로는 사람이 자유롭게 다닐 수 있도록 했고 성 꼭대기 외측에는 여장을 쌓았다. 성벽 바깥쪽은 화강석을 쌓았고 안쪽은 흙을 달구질했다. 남쪽 성벽 정중앙은 돌로 쌓은 세 층 짜리 성문루이고 성문 내에는 돌로 가림벽을 하나 쌓아 행인들이 가림벽 양쪽으로 돌아서 출입하도록 했다.

동쪽과 서쪽 성벽 중간에는 사람들이 드나들 수 있게 만든 측문루가 있으며 성곽 동남, 서남 굽인돌이 모퉁이에는 문이 없는 각루(角樓)가 세워져 있다. 홍산 포탈라궁 주체 건축군 양쪽에는 동대보와 서원보라고 하는 성보 두 채를 쌓았는데 지세가 높고 전망이 뛰어나 성곽 주위 구석구석까지 한 눈에 볼 수 있다. 동서 양측 성벽은 산등성이를 따라 쌓아 서로 연결되게 했다. 북쪽은 산세가 험해 오르기가 쉽지 않고 문루와 각루는 크고 높으며 기능이 완벽하다. 1961년에 포탈라궁은 전국중점보호문화재로 지정되었다.

포탈라궁 성벽

조어 성벽

釣魚城

조어성 안내도

　　조어성은 기원 960년부터 1279년 사이의 합주(合州) 주성(州城)으로 중경시 합천(合川)구 동성(東城)반도 조어산(釣魚山)에 위치해 있는데 서쪽은 가정(嘉定)과 동쪽은 기부(夔府)와 북쪽은 검각(劍閣)과 닿아 있고 남쪽은 중경(重庆)과 가까이 있기 때문에 예로부터 파촉(巴蜀) 요충지로 불렸다. 13세기 남송의 몽골 저항 전쟁 중에 합천(合川)조어성은 천유(川渝)지구에서 산과 성벽으로 이루어진 방어체계의 중요한 한 부분으로 장장 36년 간 송나라의 통치를 유지시키고 유라시아 전쟁의 피해를 줄이고 몽골이 한걸음 더 나아가 아프리카로 침략하는 것을 저해하는 등 수비자의 역할을 충실하게 수행했다. 이로써 조어성은 '동방의 메카성', '하느님의 처벌이 닿지 못하는 곳'으로 천하에 이름을 날렸다.

　　조어성은 1240년에 남송시기의 사천 제치[여러 주의 군사를 책임지는 직무] 부사(制置副使) 팽대아(彭大雅)가 중경성(重庆城)을 수축하면서 성이 축조되기 시작했다. 1243년에 사천치사(置使) 겸 지중경부(知重庆府) 여개(余玠)가 조어산에 성을 쌓고 합주 치소(治所)를 이곳에 이전하고 몽골군에 저항하였다. 1254년에 왕견이 합주를 관리하게 되면서 17만 민중을 이끌고 조어성을 대거 개축하였다. 1263년에 지

청나라 건륭 경자년 음력 7월에 회계(會稽) 심회원(沈懷瑗)이 쓴 '조어성(釣魚城)'석각

주(知州) 장각(張珏)이 네 차례에 걸쳐 조어성을 보수하여 조어성은 총 8면 8바퀴의 규모를 가지게 되었는데 높이는 2-3장, 길이는 약 13화리(華里)였다. 이외에도 가릉강(嘉陵江)을 따라 일자형의 성벽을 수축했는데 성문 여덟 개에 둘레길이는 약 16화리, 총 면적은 약 2.5 km² 였다.

1279년에 합주 안부사(安撫) {관직명칭} 왕립(王立)이 조어성에서 원나라 군대를 항복시키고 멸했다. 1494년에 합주 지주 김기(金祺)가 조어성 옛터에 사당을 만들고 흙으로 조어성을 여러 번 튼튼하게 보수했다. 그 후로부터 1644년 이후까지 지방관리와 지주무장들은 민간 봉기군을 저항하기 위해 훼손된 성벽에 대한 수리 복원공사를 여러 번 진행했다.

1912년 이후 성벽은 심각하게 훼손되어 성문은 여덟 개에서 여섯 개밖에 남지 않았으며 문루와 치첩도 찾아볼 수 없게 되었다.

조어성과 인근의 베이베이(北碚) 진운산(縉雲山)은 1982년에 국가중점관광명승지로, 1996년 11월에는 전국 중점보호문화재로 지정되었다.

중경 조어성의 험난한 요충지인 호국문(護國門) 관문

중경 성벽 重庆城

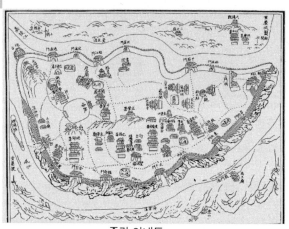

중경 안내도

중국 서남부에 위치한 중경은 '파', '유'로 약칭되는데 비탈이 많은 관계로 예로부터 '산성(山城)'이라 불렸다.

일찍 기원전 316년에 진혜문왕(秦惠文王)의 명에 의해 장의(張儀)가 군사를 이끌고 파나라를 멸했는데 이로써 파나라는 파군(郡)으로 되었다. 그 후 강주(江州)에 군사를 주둔시키고 파군성(강주성)을 쌓았으며 이를 시작으로 중경은 성을 쌓기 시작했다. 물론 지금까지 성의 범위와 축조방식에 대해서는 고증된 바가 없다. 기원 227년에 도호 이엄(李嚴)이 영안으로부터 강주로 진(鎭)을 옮기면서 방어를 강화하고 창고를 보호하기 위해 성을 크게 쌓았는데 문헌에는 '창룡(蒼龍)'과 '백호(白虎)' 성문 두 개만 쌓았다고 기록되어 있다. 13세기 중후기에 몽골군이 사천 성도를 침입하면서 송나라 군대는 어쩔수 없이 중경에로 퇴각했고 당시 중경 지부로 있던 팽대아(彭大雅)는 방어를 위해 중경성을 확대하여 증축하면서 토성을 전성으로 바꿨다. 새로 증축한 성은 북쪽은 가릉강(嘉陵江) 강변에까지 이르렀고 이엄(李嚴)이 쌓은 성에서 대량자(大梁子), 소량자(小梁子), 교장구(較場口)로 일직선을 이루던 서쪽 성벽은 오늘의 통원문(通遠門), 임강문(臨江門) 일대로 옮겼으며, 성 서쪽의 최고지점(오늘의 수도공사 저수지)도 성 안으로 포함시켜 그 범위가 이엄(李严)이 쌓은 성의 두 배 가까이 되었다.

14세기 60년대에 지휘(指挥) 대정(戴鼎)이 옛 성터에 석성을 쌓았는데 이것이 바로 중경성의 마지막으로 되는 대규모의 수축이다. 성은 높이가 10장, 둘레길이가 12리6분으로 총 2666장 7척이었으며 주강을 해자로 삼았고 성문은 총 17

동수문(東水門) 성밖 옛모습

개를 설치했으나 그 중의 9개만 개방하고 나머지 8개는 닫아두었기 때문에 사람들은 이와 같은 성의 골격을 '구궁팔괘'에 의한 것이라 보았다.

1644년부터 1911년 사이에 중경성은 14세기 이래 명나라 성벽의 골격대로 여러 번 중수를 진행했다. 1911년 이후에는 성벽과 성문을 잇따라 철거하기 시작하고 1936년에는 도로 건설과 부두 증설을 위해 조천(朝天), 태평(太平), 남기(南紀), 통원(通远) 등 성문도 철거했기 때문에 1949년 후에는 성이 일부만 잔존하게 되었다. 1990년 10월에는 주택 기초공사로 봉황문 유적도 철거하면서 현재 통원문(通遠門), 동수문(東水門), 홍아(洪崖)문 구간의 성벽만 남아있는데 길이는 약 300m에 달한다. 중경성 잔존유적은 1992년에 중경시급보호문화재로 지정되었으며 중경성은 2000년에 중경시급보호문화재로, 2013년에는 전국중점보호문화재로 지정되었다.

남기문(南紀門) 옛성벽

제7부 동북지역

무순 성벽

撫順城

요동(遼東) 하동(河東)의 성보도(城堡圖)(무순성 포함)

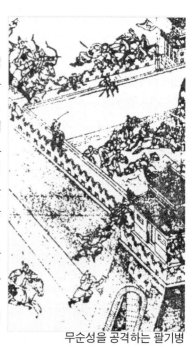

무순성을 공격하는 팔기병

요녕성 동부에 있는 무순은 동쪽은 길림성과 접해 있고 서쪽은 성소재지인 심양시와 45km떨어져 있으며 유명한 '석탄의 도시'이다.

기원 4세기 말에 고구려는 훈하(渾河) 유역을 점령하고 고이산성(高爾山城)을 쌓았다. 오늘의 무순시 시내 북쪽의 고이산에 있는 고이산성은 평면이 타원형에 가깝고 둘레 길이는 약 4km이며 동서 길이는 1217m, 남북 너비는 912m이고 잔존 높이는 1-2m된다.

요나라 시기의 귀덕주성(貴德州城)은 오늘의 무순역과 고이산 앞에 있는 평지에 방형으로 토축되었는데 현재 무너지고 없다.

기원 1384년에 원나라 할거세력과 동북 여진족 각 부락의 침입과 소란을 방어하기 위해 명나라 정부는 무순 고이산 아래에 전성 하나를 수축하고 '무순성'이라 했다. 무순성의 성지 규모는 크지 않았고 구조도 비교적 간단했다. 둘레 길이는 2리 736장이며 해자의 깊이는 1장, 폭은 2장, 성문은 두 개를 설치했다. 1618년에 후금(後金)이 무순성을 공격하여 점령하면서 성은 폐기되었다.

1778년에 14세기에 세워진 무순소 남쪽 1리 되는 곳에 무순성을 중건했는데 1783년에 완공되었다. 중건 후 무순성은 면적이 다소 증가되었으며 성문도 세 개로 늘어났고 성의 둘레 길이는 1리 736보였으며 해자의 깊이는 1장, 폭은 2장, 성문은 두 개였다. 하지만 현재 실측 결과로는 둘레 길이가 3리 되며 성문은 동, 남, 북으로 세 개이다.

무순성은 1829년에 이르러 다시 중수되었는데 1905년에 일본과 러시아가 무순에서 전쟁을 하면서 전화에 고성 북문이 무너졌고 1912년 이후에는 오랫동안 성벽을 보수하지 않아 성문과 성벽도 점차 피폐해졌다. 1950년에는 도로 확장 공사를 하면서 성벽도 철거되고 해자도 메워졌다.

2010년 6월 17일 무순시 순성구(順城區) 귀덕가(貴德街) 도로 공사 중에 내화벽돌로 쌓은 성가퀴 한 구간을 발견했는데 문화재 연구소는 검증을 거쳐 17세기로부터 20세기 초 청나라 시기의 무순성 북문인 광윤문(廣潤門)으로 추정하고 있다.

20세기 30년대 무순성 성문과 성루

20세기 30년대 피폐해진 무순 성벽

1905년 무순성 성벽

1905년 무순성 남문

1905년 무순성 성밖에 주둔한 중국 침략 일본군

심양 성벽

沈陽城墻

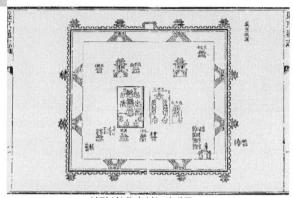

성경성(盛京城) 안내도

무근문(撫近門)

요하평원(遼河平原)의 중부, 훈하(渾河) 북안에 위치한 심양은 중국 동북지구 문명 고성 중의 하나이며 전국에서 유명한 중공업도시이다.

기원전 11세기부터 기원 220년 사이, 그리고 960년부터 1368년 사이에 심양성은 여러 차례 폐기되었다가 복건되었다. 그러다 1388년에 이르러 심양 중위성(中衛城) 지휘 민충주(閔忠奏)가 조정에 신청하여 심양성을 개축했는데 둘레 길이는 9리 30보였고 높이는 2장 5척이였다. 해자는 내외 두 겹으로 되어 있었는데 안쪽 해자는 폭 3장, 깊이 8척에 둘레 길이는 10 30보였고 바깥 해자는 폭 3장, 깊이 8척에 둘레 길이는 11리 남짓 되었

1912년의 복승문(福勝門)(대북문)

다. 그 후 심양성을 여러 차례 보수하고 외면도 벽돌로 쌓았다.

1625년에 누르하치가 완공된 지 얼마 안된 동경성(東京城)을 버리고 심양을 수도로 정하고 이어 1631년부터 1635년 사이에 황태극(皇太極)이 명나라 시기의 심양성을 대규모로 개축하여 심양을 명실에 부합되는 도성으로 만들었다. 성의 둘레 길이는 9리 332보이고 명루(明樓) 8개에 각루는 4개였으며 낡은 문을 고쳐 성문을 총 8개로 만들고 해자는 둘레 길이를 10리 204보로, 폭은 14장 5척으로 준설했다.

1680년에는 황성 밖에 높이 7척 5촌, 둘레 길이 32리 48보인 토성 하나를 쌓고 외성(外城), 곽성(郭城), 관장(關墻), 요장(繚墻)으로 다양하게 불렀다. 이로써 성경성(盛京城)은 8문 8관의 구조를 이루게 되었고 제2의 수도인 배도(陪都)로 되면서 역대의 청나라 황제들은 모두 심양성의 보호에

각별한 관심을 돌려 여러 차례를 보수를 진행했다. 하여 19세기 말에 이르는 260여년 간 심양성은 보존상태가 아주 좋았으나 20세기 초에 와서 외장(요장) 대부분이 육속 훼손되었다.

심양성벽은 1952년 전에는 여덟 개의 성문이 육속 훼손되거나 철거되었고 20세기 70-80년대에는 성벽이 부분적으로 잔존되었으나 90년대에는 흔적마저 찾아볼 수 없게 되었다.

1994년, 1998년과 2001년에 심양시 인민정부는 선후로 회원문(懷遠門), 무근문(撫近門) 그리고 성벽 서북 각루를 중건했다.

회원문(懷遠門)

1884년의 심양 성벽
동북각루

20세기 30년대 봉천성
옹성 건축

20세기 30년대 봉천성
성내 시가지

20세기 30년대 봉천성 성모퉁이

1905년 중국 침략 일본군이 봉천성에 침입한 모습

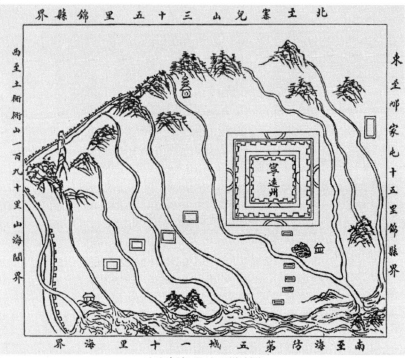

흥성 성벽 ~~城城墻

영원(寧遠) 주성도(州城圖)

금주시 서남부, 요동만 서안에 위치한 흥성은 옛날에 영원(寧遠)이라 불렸으며 성벽, 강, 산, 바다, 섬이 한데 어우러진 관광도시이다.

기원 1428년에 총병 무개청(巫凱請)이 영원위성을 수축했는데 둘레 길이는 5리 196보, 높이는 3장, 성문은 네 개였으며 성밖 해자의 길이는 7리 8보, 깊이는 1장 5척이었다. 1430년에는 외성 하나를 증축했는데 둘레 길이는 9리 124보였고 높이는 내성과 같았다. 1624년에 명나라 군대 수장 원숭환(袁崇煥)이 2년에 걸쳐 영원성을 보수했는데 성 높이는 3장 2척, 치 높이는 6척, 기반의 너비는 3장, 윗부분의 너비는 2장 4척이였고 성벽 위에는 영국 제조 화포 11대를 설치했다.

1644년부터 1911년 사이에 내성은 둘레 길이가 5리 190보였고 외성은 둘레 길이를 명나라의 골격 그대로 답습했으며 성루는 훼손이 심각했다. 그 후에 홍성 성벽은 여러 차례 훼손되었으나 지방관리와 주둔군의 중시를 받아 제때에 보수되었다.

1912년 이후에 영원현 외성이 점차 훼손되었고 내성 성벽과 부속 건축도 많이 훼손되었다. 20세기 80년대 이후에 와서 홍성고성은 국가와 지방 정부의 각별한 관심으로 훼손되면 즉시적으로 보수되었고 유럽연합문화유산보호전문가들의 각별한 관심도 받게 되었다.

당지 문화재연구소에서는 조사를 거쳐 홍성성은 현재 영원 내성만 남아 있는데 여러 차례의 보수 끝에 거의 원래의 형태로 보존되고 있음을 확인했다. 성은 정방형 모양으로 남북 길이는 821m, 동서 길이는 816m, 둘레 길이는 3274m이며 높이는 8.5m에서 9.6m사이이고 성 꼭대기 부분의 너비는 3.8m에서 5m사이이다. 성문은 성벽 네 면의 중앙에 설치되었는데 위에는 이층으로 된 권붕 (지붕의 두 경사면이 용마루가 없이 곡선으로 연결되는 지붕형태) 헐산정식 전목구조의 성루를 쌓았으며 성문 내의 좌측에는 마도를 설치했는데 길이는 21m, 너비는 3.1m였다. 성문마다에는 반원형 외옹성을 쌓았는데 옆으로 낸 옹성문과 주성문은 90° 각을 이루었다.

1988년에 홍성성은 전국중점보호문화재로 지정되었고 2012년에는 '중국 명청성벽'세계문화유산 연합신청 후보자 명단에 들었다.

옹성과 옹성 성문

명나라 시기의 영원성(寧遠城)
(즉 요녕 흥성)

보수 중인 흥성 성벽

흥성 외옹성

흥성 성문

흥성 성벽

흥성 성벽 북문 내측

길림 성벽

吉林城墻

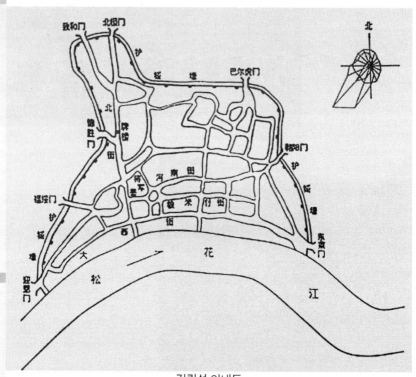

길림성 안내도

　길림시 선영구(船營區)에 있는 길림성(吉林城)은 '강을 따라 내려오다'의 뜻을 나타내는 만주어 '지린우라(吉林烏拉)'에서 온 것으로 송화강과 가까이 있는데서 얻어진 이름이다. 1994년에 길림시는 중국역사문화명성으로 지정되었다.

　기원 1673년에 영고탑(寧古塔) 부도통 안주호(安珠瑚)가 팔기군을 거느리고 2년이란 시간 끝에 지린우라성을 수축했는데 성벽 남쪽은 송화강에 접해 있었고 동, 서, 북 세 면에는 소나무를 심었고 높이는 8척이었다. 북쪽은 289보, 동쪽과 서쪽은 각각 250보였으며 성문은 세 개를 설치했다. 주위에는 못이 있고 못 바깥 쪽 변두리는 둘레 길이가 7리 180보인 토성을 쌓았는데 토성 동쪽과 서쪽도 강가에 닿아 있었다. 1742년에 길림성에 화재가 일어나 성을 중건하게 되었는데 영고탑 장군 악미달(鄂彌達)이 내성(목성)을 폐기하고 내성 밖의 성호도 메워 버렸다. 1866년에 길림장군 부명아(富明阿), 부도통 부아손(富尔蓀)이 문무백관들이 모금한 돈으로 길림성벽을 중수하고 성을 확대하여 수축했다. 이로써 토성의 둘레길이는 1749장 3척 7촌이였으며 외곽의 길이는 806장이였고 담의 높이는 1장 1척 내외로 서로 달랐으며 기반의 너비 역시 1장 3척 에서 5척, 또는 6척으로 서로 부동했다. 성벽 위에는 벽돌로 3척 높이의 여장을 쌓았고 성문을 5개 더 중축하여 총 8개가 되였다. 이번 증축과 개축으로 북쪽 성벽이 밖으로 돌출되어 성지 평면이 비파와도 같았기 때문에 '비파성'이라고도 하는데 이런 형태의 성지는 극히 보기 드물다. 1883년에 길림장군 회원(希元)이 토담을 벽돌담으로 바꾸고 타구를 더 쌓아 높이가 1장 2척 8촌으로 되였고 해자의 깊이는 한 장 되였다.

1909년에 성 동쪽에 일본통상항구를 개척하면서 동래문(東萊門)과 조양문(朝陽門) 사이에 성문 하나를 더 설치하고 '신개문(新開門)'이라 했으며 1930년에는 조양문(朝陽門)과 바르호문(巴爾虎門) 사이에 '북신개문(北新開門)'을 설치하고 바르호문을 파호문(巴虎門)으로, 영은문(迎恩門)을 임강문(臨江門)으로 이름을 고쳤다. 1935년 이후 (위만통치시기)에 길림성 성벽은 철거되었고 현재는 흔적도 남아 있지 않다.

길림 성문 밖의 옛모습

20세기 30년대 길림 남쪽 끝 반석(磐石) 성문

길림 덕승문(德勝門)

길림 성밖 옛모습

장춘 성벽

长春城

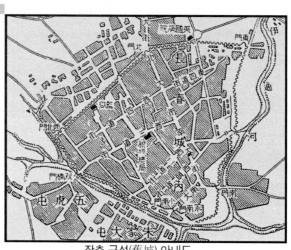

장춘 구성(舊城) 안내도

장춘성 해자 및 성문밖 나무다리

장춘은 관성자(寬城子)라고도 하는데 구성은 오늘의 길림성 장춘시 남관구(南關區)에 있다. '장춘'이라는 지명은 요나라 치소였던 장춘주(長春州)에서 왔으나 이 지역의 촌락 이름인 장춘보(長春堡)에서 왔다는 설도 있다.

최초에 장춘에는 성벽이 없었다. 기원 1865년에 길림 이수(梨樹)의 마진융(馬振隆)(별명은 '바보 마씨')이 폭동을 일으킨 군민을 이끌고 장춘을 진공하려 계획하자 장춘청 이사(理事)통판(通判) 상희(常喜)가 성을 쌓을 것을 긴급히 호소하게 되며 이로써 둘레 길이가 20리이고 성문 여섯 개에 높이가 한 장 넘는 성벽과 깊이가 한 장 되는 해자가 준설된다. 장춘성은 애초에 군민 폭동을 막고자 황급히 수축된 것으로 평면 배치가 질서 없고 모양도 불규칙적이었다. 하여 1897년에 장춘성벽을 전성으로 바꾸었고 후에는 편하게 출입할 수 있는 마호문(馬號門), 소동문(小東門), 소서문(小西門), 동북문(東北門), 동쌍문(東雙門)과 서쌍문(西雙門) 등 소성문 여섯 개를 더 설치해 장춘성은 성문이 총 12개에 달했다.

장춘 성벽과 성문, 해자는 20세기 중엽 이후 군사적 방어기능이 소실되면서 육속 무너지고 훼손되었으며 심지어 교통 편리를 위해 철거되어 현재 찾아 볼 수 없게 되었다.

20세기 초에 개수된 동쌍문과 서쌍문은 동문과 서문 안쪽에 설치된 내문으로 역시 방어 기능이 없었다. 동쌍문은 1921년에 기둥이 무너져 철거되었으며 서쌍문은 장춘성이 함락된 후 철거되었다.

장춘성 밖에는 천연 도랑을 이용하거나 인공으로 준설한 해자가 있었고 남쪽, 서쪽, 북쪽 성문 밖에는 전부 나무다리가 설치되어 있었는데 많을 때는 아홉 개에 달했다. 현재 남문 밖의 전안교(全安橋)(즉 장춘대교)와 서남문 밖의 영안교(永安橋)만 남아 있으며 지금까지 다리로 사용되고 있다.

2000년에 장춘시에서는 1800년 7월 8일을 장춘 도시 설립 기념일로 정하고 도시 설립 200주년 기념활동을 진행했다.

장춘성 옛모습

완도산성과 국내 성벽

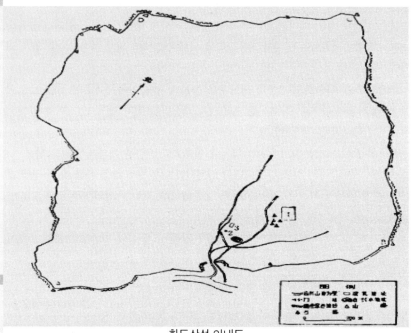

환도산성 안내도

국내성은 기원 3년에 수축되기 시작했으나 이보다 훨씬 전인 기원전 2, 3세기에 이곳에는 이미 토성이 지어져 있었는데 어떤 학자들은 이를 기원전 3세기 말에서 기원 3세기 초 현도군(玄菟郡) 관할 하의 고구려현 치소로 추정하고 있다. 고구려가 축조한 국내성은 거의 네모형으로 되어 있는데 둘레 길이는 2741m이며 북쪽 담과 서쪽 담의 남단, 남쪽 담의 서단, 동쪽 담의 남단은 보존상태가 비교적 좋고 지표면 으로부터의 높이는 2m 이상이 된다.

197년에 요동을 할거한 공손강(公孫康)이 고구려를 공격하여 도성을 점령하면서 국내성은 훼손되었고 209년에 고구려 제 10대 왕 산상왕(山上王)이 수도를 환도(丸都)로 이전했다. 문헌에는 고구려가 국내성을 여러 차례 수즙한 것으로 기록되어 있는데 고구려 멸망과 함께 국내성도 점차 쇠락해 져 17세기 중후기에 이르러서는 동북 지역의 변장(边墙) 설치 및 봉금령으로 국내성은 점점 황폐해 졌다. 1947년에 국내성이 전화에 파괴되어 1975년에 국내성 북쪽 성벽을 간단하게 보수했고 또 도시 발전으로 현대화적인 도시가 국내성 성내에 들어섬에 따라 유적도 극심한 파괴를 받았다.

환도산성은 기원전 1세기부터 기원7세기 사이에 대형 궁전을 중심으로 기획하고 설계한 고구려의 유일한 산성왕도(山城王都)로 '위나암성'이라고도 한다. 198년에 고구려 제10대 왕 산상왕이 위나암성을 증축하여 대형궁전을 건설하고 환도성으로 이름을 고쳤다. 환도성은 국내성의 군사수비성인 동시에 도성으로 이들은 서로 의지하면서 세계도성사상 특수한 부합식(附合式) 왕도패턴을 형성했다.

환도산성의 둘레 길이는 6947m인데 그 중에서 북쪽 성벽이 가장 짧고 서쪽 성벽이 가장 길며 또 가파른 암벽을 이용한 천연 성벽이 있는가 하면 화강암으로 쌓은 인공 성벽도 있었다.

1982년 전국중점보호문화재 제2차 선정에서 환도산성이 문화재로 지정되었고 2001년에 전국중점보호문화재 제5차 선정에서 국내성이 문화재로 지정됨에 따라 국내성과 환도산성을 합쳐 '환도산성과 국내성'으로 문화재 이름을 정했으며 2004년 7월에 환도산성과 국내성이 세계문화유산으로 등재되었다.

환도산성 전망대 전경

환도산성 남문 옹성

환도산성 서성벽

전국중점보호문화재로 지정된 환도산성 보호 표지비

길림 환도산 1호문 터

제7화 동북지역 길림성　361

金上京会宁城
금상경회녕 성벽

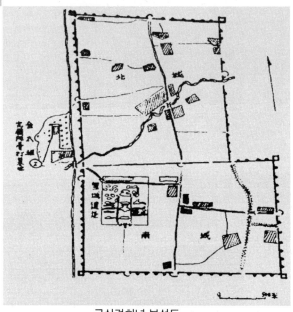

금상경회녕 부성도

금상경회녕부고성은 흑룡강성 하얼빈시 아성구 도시 남쪽으로 2km떨어진 곳에 있는데 백성(白城)이라고 속칭되며 기원 1115년부터 1234년 사이에 중국 북방에 존재했던 다섯 개 경성(京城) 중의 하나이다.

1123년부터 1135년 사이에 한인(漢人) 노언륜(盧彦倫)의 기획과 설계로 상경신성(上京新城) 즉 남성(南城)과 궁전이 수축되었으며 1135년부터 1149년 사이에는 궁전에 원유(苑囿)를 설치하기 위해 상경성을 두 차례 크게 증축했다. 1157년부터 1161년 사이에 폐기되었던 상경성이 1161년부터 1189년 사이에 다시 중건되면서 벽돌로 성벽이 수즙되었고 종묘와 궁전도 새로 수축되었다.

1271년부터 1644년 사이에 누르간지구로 통하는 중요한 역참으로 부상하면서 1726년에 청나라 정부는 이 곳에 알추크(阿勒楚喀)협령(協領)을 설립하며 1729년에 협령 관공서가 신성으로 이전하면서 성은 철저히 폐기된다.

1964년의 문화재기관의 실측에서 전체 길이는 근 11km, 총 면적은 약 6km² 로 확인되었는데 북성은 남북 길이가 1828m, 동서 너비가 1553m로 남북으로 길게 뻗은 모양이었고 남성은 동서 길이가 2148m, 남북 너비가 1523m로 동서로 길게 뻗은 모양이었다. 성벽은 흙을 달구질해서 판축했고 외표면은 푸른 빛깔을 띠는 벽돌을 쌓았으나 현재 전부 헐리고 없다.

황성은 남성 서쪽에서 약간 북쪽으로 치우친 곳에 있는데 부지는 약 0.32 km² 이다. 1974년의 현지고찰에서 황성의 남북 길이는 654m, 동서 너비는 500m, 기반의 너비는 6.4m로 측량되었다. 또 동쪽 담과 서쪽 담은 헐리고 거리가 개설되었으며 북쪽 담은 가옥으로 이용되고 남쪽 담은 중간 부분이 보존상태가 좋았으나 네 군데는 여전히 흙더미가 쌓여 있었다. 좌우 양측에 마주 놓인 흙더미는 높이가 약 7m 정도로 문궐로 추정되며 중간에 놓인 두 개는 높이가 약 3m정도로 황성의 남문으로 추정된다. 남북 황성 내의 남북 중추선에는 정연하게 배열된 다섯 겹의 궁전 기초를 볼 수 있었는데 지상으로 2m가까이 돌출되었고 동서 양측에는 회랑 유적도 있었다.

1961년에 세워진 아성현박물관에는 금상경의 역사가 고스란히 전시되어 있다. 1982년에 금상경회녕부유적은 전국중점보호문화재로 지정되었으며 2012년에는 금상경유적이 '중국세계문화유산등재후보'에 가입되었다.

금상경회녕부 유적인 황성 유적

애휘 성벽
愛琿城

1854년 러시아 군함이 아이훈에 침입하는 모습

청나라 성벽 유적인
서성벽

아이훈은 만주어 음역
으로 '艾渾,爱渾,爱琿'
등등 다양한 한자로 쓰
인다. 아이훈은 흑룡강
성 흑하시 아이훈구 아이
훈진에 있는데 예로부터
북방의 중요한 전략적 요충지로 '동북 삼성의 보호벽, 북방 변강의 길목'으로 불리고
있다.

아이훈 구성(舊城)(흑룡강 구성)은 흑룡강 동쪽 연안에 있는데 옛 터는 오늘의 러
시아 경내의 블라고베셴스키 부근에 있다. 기원 15세기 초에 원나라 잔여세력의 침
입을 막기 위해 징치리강과 흑룡강이 합쳐지는 곳인 아이훈 호반에 콜리성채를 지
었는데 17세기 중엽에는 이를 '아이후'라고 했으며 17세기 중후기에 코사크가 흑룡
강 유역을 무장침입하면서 이 성을 소각해 버렸다.

기원 1684년에 부도통(副都統) 목태(穆泰)가 성경(盛京) 군대 600명을 이끌고 당지의 관병들을 협조하여 성을 쌓았는데 이것이 바로 아이훈성이다. 성은 사각형으로 되어 있고 둘레 길이는 940보이며 성문은 다섯 개를 설치했다. 1684년 가을에는 1651년에 제정러시아에 의해 소각된 다우르족촌 톨가의 폐허 위에 다시 성을 쌓게 되는데 성 이름은 여전히 아이훈이였으며 아이훈구성과 구별하기 위해 아이훈신성이라 했다.

아이훈신성은 내성과 외성으로 이루어 졌는데 내성은 둘레 길이가 1030보이고 높이는 1장 8척이며 성문은 네 개 설치되었다. 외성은 둘레길이가 10리인데 동쪽은 강에 접해 있고 서, 남, 북 세 면에는 나무를 심어 울타리로 만들었는데 성문이 남쪽에는 하나, 서쪽과 북쪽에는 각각 두 개씩 설치되었다. 1900년에 제정러시아 침략자들이 선후로 아이훈구성과 신성을 소각했는데 1907년에 아이훈 부도통 요부승(姚富昇)이 러시아와 교섭하여 아이훈신성을 회수하고 무너진 옛 성 터에 성을 중건했다.

1949년 이후에 아이훈성은 일부가 파괴되면서 내성벽이 불규칙적인 사각형을 이루었고 둘레 길이는 총 3588m였다. 그 중에서 동쪽 성벽은 길이가 993m(현재 잔존 구간은 519m)이고 서쪽 성벽은 948m이며 남쪽 성벽은 842m, 북쪽 성벽은 805m(현재 잔존 구간은 647m)이다. 담은 퇴토로 쌓고 달구질하지는 않았으며 지금까지 보존된 것은 얼마 되지 않는다.

최근에 들어 잔존 고성벽은 남다른 중시와 보호를 받게 되었으며 아이훈신성 유적은 근현대의 중요한 사적 및 대표적인 건축으로 2001년 6월 25일에 국무원의 비준을 받아 전국중점보호문화재 5차 리스트에 들어갔다.

청나라 성벽 유적인 동성벽

제제합이 성벽

齐齐哈尔城

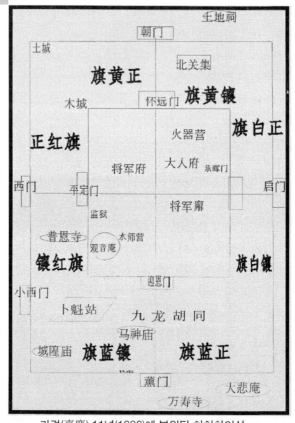

가경(嘉慶) 11년(1806)에 복원된 치치하얼성
(출처: 馮華, 「청나라 시기 치치하얼성의 흥쇠 연구」, 중앙민족대학교 석사학위청구논문, 2013)

치치하얼은 흑룡강성 서북부, 눈강 가까이에 있으며 흑룡강성에서 두번째 큰 도
시로 2014년에 중국역사문화명성으로 지정되었다.

지세가 높고 험한 언덕에 수축된 치치하얼성은 내성과 외성으로 이루어져있다.
내성 평면은 정방형으로 둘레 길이는 519장 6척, 너비는 2리 8분, 높이는 1장 6척이
며 네 면에는 성문을 하나씩 설치하고 모두 성루를 쌓았다. 외성 평면은 남북이 다

소 긴 타원형으로 되어 있는데 둘레 길이는 1717장 1척, 너비는 9리 5분 남짓 된다. 외성은 남, 동, 북 세 면에 성문이 하나씩 있었는데 치치하얼 바로 서남쪽에 복괴(卜魁)역참, 수운 부두와 수군 기지가 있었기 때문에 도시 교통과 군사적 수요로 서쪽에 소서문(小西门)을 하나 더 설치했다.

1699년에 흑룡강 군 치소(治所)가 치치하얼로 이전되면서 목성을 중수했는데 1806년에 성내의 한 차례의 화재로 목성의 동쪽 담과 남쪽 담이 타버리고 말았다. 1887년에 흑룡강 장군 공당(恭鏜)이 내성의 나무 담장을 벽돌 담으로 바꾸면서 내성은 전성으로 불렸고 후에는 더는 수즙되지 않았다.

1893년에 섭사성(聂士成)의 치치하얼성 고찰기에는 아래와 같이 적혀 있다. '이 성을 방형 전성이라고도 하는데 매 하나의 성문을 중심으로 둘레는 약 3리8분 되며 외토성은 네 면의 길이가 서로 다르고 둘레길이가 7리 남짓 된다. 전성 내에는 관공서만 설치되어 있는데 무역 또한 활발했다. 성문은 총 다섯 개인데 그 중 대서문이 약간 높은 언덕에 설치되어 있어서 차가 다니기 불편했기 때문에 소서문을 하나 더 설치했다.

치치하얼성은 20세기 초에 도독 송소렴(宋小濂)에 의해 전성과 옹권(甕圈)이 철거되었고 외토성은 교통 편리를 위한 목적으로 장군 정덕전(程德全)에 의해 철거되었다. 20세기 50년대에 이르러서는 건축공사 그리고 노동호(劳动湖) 건설을 위해 내성 성벽마저 점차 철거되었다.

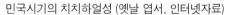

민국시기의 치치하얼성 (옛날 엽서, 인터넷자료)

제8부 특별구

九龙寨城

구용채 성벽

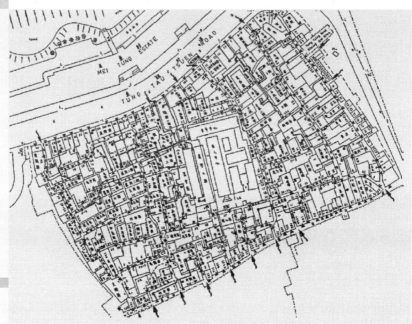

진상존(陳祥存)이 손으로 그린 구룡성채 지도

구룡채성은 한자로 九龍寨城 또는 九龍砦城으로 쓰이는데 홍콩 구룡반도 동북모 통이에 있으며 1995년 8월에 성 유적지에 구룡채성 공원이 건설되었다.

구룡채는 이른 시기 청나라 포대를 시작으로 성을 수축하기 시작하는데 기원 1668년에 청나라 군대가 필가산(畢 (筆) 架山) 위에 구룡돈대를 설치했다. 구룡채성 은 1846년 12월 25일에 축조되기 시작하여 이듬해 5월 31일에 완공되었다. 구룡채 성은 현지 화강석을 주요 건축재료로 사용했는데 총 면적이 6.5에이커이며 성문은 네 개, 성벽 위에는 전망대가 6개 있다. 성내에는 대붕 협부장(協副將)과 구룡순검 사(巡檢司) 관공서가 하나씩 있고 병영, 화약창고, 무기창고, 거주지 등도 있다.

1899년에 영국이 군대를 파견하여 채성을 점령한 후 성벽은 관리 부실로 점차 허물어졌다. 1941년부터 1945년 사이 일본군이 홍콩을 점령하고 있을 때 계덕공 항 확장공사로 성벽 전부를 철거했으며 성벽을 쌓았던 돌은 건축재료로 사용했다. 구룡채성은 존재했던 시간이 짧아 구체적인 정보는 확인할 수 없지만 전문가들은 성벽 철거로 얻어진 화강암의 수량과 현지 고찰을 통해 당시 구룡채성의 길이를 670.56m, 높이를 약 4m, 너비를 약 4.5m로 추정하고 있다.

1950년 이후에 구룡채성은 이미 철거되었지만 거주민과 주택 밀도의 급격한 증가로 성벽이 없는 또 하나의 새로운 '채성'이 형성되었다.

1984년에 영국과 중국은 홍콩주권 반환문제로 북경에서 협상을 진행하였는데 그중에는 채성의 철거와 처분문제도 포함되어 있었다. 1987년 이후 홍콩정부와 중국정부는 채성 철거 관련 협의를 달성하고 그 자리에 공원을 건설하기로 했다. 구룡채성 철거 작업은 1993년에 시작되어 1994년에 끝났는데 철거현장에서는 옛날 채성의 유적과 유물들이 발견되었다. 그 중에는 '남문', '구룡채성'이란 글이 새겨져 있는 채성 남문 화강암 현판, 채성 성벽의 잔해인 성벽의 기반과 동문과 남문의 기반 등이 포함된다. 1995년 12월에 총 7600만 홍콩달러가 투자되고 강남원림의 풍격을 갖춘 구룡채성공원이 낙성되었다.

구룡채성 유적공원 대문

홍콩 구룡채성의 파손된 성문 편액

홍콩 구룡채성 남문 유적

홍콩 구룡채성 유적

홍콩 빅토리아성 경계 비석

홍콩 빅토리아성 경계 비석

澳門城

마카오 성벽

마카오성 안내도

　마카오는 남중국해 북안, 주강 입구 서쪽에 위치해 있으며 주강을 사이 두고 동쪽으로 홍콩과 63km 떨어져 있다.

　마카오는 기원 1568년에 성을 축조하기 시작했는데 포르투갈 사람들이 해적 중 일본(曾一本)의 침입을 막기 위해 흙담과 간이포대를 만들었다. 또 포르투갈 사람과 중국사람의 거주구역을 구분하기 위해 성을 쌓았다는 설도 있는데 성벽 이북은 중국사람들의 거주지였고 성벽 이남은 포르투갈 사람들의 조계지였다. 이 때의 마카오성은 성벽의 초기 형태에 지나지 않았고 완전한 성벽의 모습은 아니었다.

　당시 명나라 조정에서는 마카오에 거주한 포르투갈 사람들이 성벽을 쌓지 못하도록 했다. 1632년에는 북쪽 성벽과 포대를 재축하고 같은 해 마카오에 온 총독 몬테요새 역시 다산바(大三巴) 포대를 쌓기 시작했으며 닫히지 않은 성벽을 닫히게 수축했다.

　광동 동부에서는 내륙을 향한 포구에 심리적 압박을 느끼지 아니할 수 없었고 이로써 철거를 요구했다. 후에 왕래와 교섭을 거쳐 마카오성 연해쪽과 서쪽의 일부 성벽만 남겨 놓았다.

청나라 초기에 철거된 마카오성을 중축하고 개수했으며 마카오 관갑, 포대 등도 개수했다. 마카오 주재 포르투갈 사람들은 도시 공간을 확장하기 위해1863년에 감포(水坑尾), 삼파(三巴), 사리투(沙梨頭)의 문과 성벽들을 육속 철거하고 1874년에는 북쪽의 관갑과 성벽도 철거했다. 그후 마카오 잔존 성벽은 점차 무너졌다.

수백년을 거치며 중건과 철거를 여러 번 반복한 마카오 성은 현재 산과 바닷가 여기 저기에 성벽 잔해가 널려 있다. 이를테면 다산바 부근의 나차사원 쪽의 성벽 잔존 구간은 흙을 달구질하는 방법으로 쌓은 것인데 진흙, 모래, 세석, 볏짚 등을 주재료로 여기에 굴껍데기 가루를 섞어 층층이 다졌다. 2013년 초에 마카오 병원부근에서 고성벽이 새로 발견되었는데 일부 구간은 무너졌고 길이는 50여m였다.

2005년에 마카오 구 시가지는 마카오 구성(舊城) 건축 유적을 중심으로 세계문화유산에 등재되었다.

마카오 잔존 성벽

미국국회도서관 소장 중국연해구역도 중의 마카오성

성 바오로 성당 옆의 조루

마카오 성벽과 타구

마카오성 벽체

淡水紅毛城

담수홍모 성벽

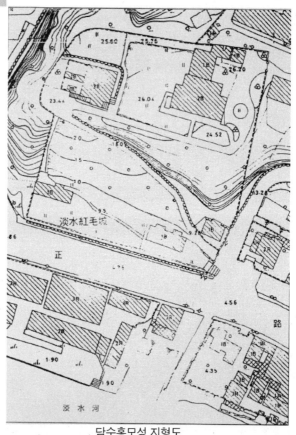

담수홍모성 지형도

담수홍모성은 대만 신북(新北)시 담수구 담수진 정중로 28항 1호에 있다. 담수는 서양문명이 대만의 북쪽에 뿌리를 내린 기점으로 '동방의 베네치아'라 불리고 있다.

기원 16세기로부터 17세기에 이르는 사이 네덜란드와 스페인 두 나라는 선후로 대만에 등륙하고 통치권력을 공고히 하기 위해 항구

기원 1628년에 스페인 사람들이 담수항구 북쪽 파수의 낡은 보루를 기초로 산토

1895년에 일본군이 대만 북부 담수하 입구의 호미포대를 공격하여 점령

도밍고성을 쌓았는데 이는 사실 하나의 요새였다. 1636년에 산토도밍고 요새는 원주민에 의해 불에 타고 많은 스페인사람들이 살해되었다. 그 후 스페인사람들은 흙을 올리는 목제구조로 요새를 개축했으나 얼마 지나지 않아 대만 남부의 네덜란드인들이 북쪽으로 영역을 확장하면서 스페인인은 담수에서 물러나고 요새도 폐기되고 말았다. 요새를 전략적 거점으로 방위 목적의 성보를 쌓았다.

1642년 10월 14일, 네덜란드인들은 철거된 스펙스성보 (Specx Fort) 에 신성을 수축하고 이름을 '앤서니성'이라 했다. 한인(漢人)들은 네덜란드인을 대부분 홍모라고 부르기 때문에 이 성도 담수홍모루라 부르게 된 것이다.

역사적으로 홍모성은 여러 차례의 개축과 증축, 보수를 거쳤는데 1661년부터 1683년사이에 홍모성에 대한 보수를 진행했으나 얼마 지나지 않아 또 훼손되었으며 1724년에는 동지 왕건(王汧)이 중수를 했다. 1863년 영국 부영사 스윈호와 복건 순무 서종간(徐宗干)이 99년 기한의 홍모성 차용 협정을 맺으면서 홍모성은 영국 조계지로 되었고 1980년 6월 30일에 홍모성의 재산소유권이 대만으로 넘겨지게 되었다.

홍모성 고적은 주로 본관, 영국영사관, 남성문 세 곳을 가리킨다. 본관은 정방형으로 되어 있고 길이와 너비는 각각 50m이며 높이는 이 층 구조로 총 10m이며 둘레 길이는 약 7m, 외벽의 두께는 2m 이다.

홍모성은 1983년에 대민(台閩)지구 1급 고적지로 지정되었고 1984년에는 전면적인 정비와 보수를 거쳐 대외로 개방되었다. 2004년 3월부터 2005년 11월 사이 대북현에서는 담수홍모성에 대한 전면적인 복원과 재이용 공사를 재차 진행했으며 공사 마무리 후 또 다시 대외로 개방되었다.

담수홍모성 내부 벽체

恒春城

항춘 성벽

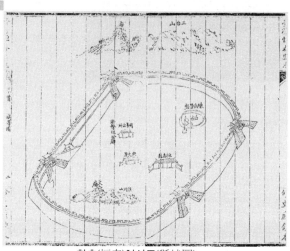

항춘(恒春)현성도(縣城圖)

이미 철거된 구름다리 구간의 성벽. 성터 유적에 대한 기념으로 재축을 하면서 성벽 양측에 지어진 초등학교를 고려해 구름다리 모양으로 설계.

항춘은 옛날에 낭교(琅嶠)라고 했는데 대만의 최남단, 항춘반도의 아름다운 열대 해변 풍경구에 자리잡고 있기 때문에 '산호초섬', '대만의 하와이'로 불리고 있다.

기원 1874년에 흠차대신 심보정(沈葆楨)이 대만 독반군무(督辦軍務)로 재임하고 있을 때 해방(海防)과 군사적 수요로 인해 항춘에 성을 쌓을 것을 제안했다. 하여 1875년 10~11월 사이에 항춘성을 쌓기 시작해 1879년 8~9월에 완공되었다.

새로 수축된 항춘 성지는 삼합토로 판축했고 외측에는 벽돌을 붙였으며(벽돌은

항춘 성벽 남문(원거리 촬영)

유약을 바르지 않아 붉은 색을 띰) 둘레 길이는 880장, 외벽의 높이는 1.45장, 내벽의 높이는 1.34장이였으며 기초부분의 너비는 2장, 꼭대기 너비는 1.6장이였다. 그리고 동, 남, 서, 북쪽으로 성문을 네 개 설치하고 성문마다 성루를 쌓았는데 성루의 높이는 1.27장, 너비는 6.7장, 깊이는 1.4장이였다. 이외에도 부속 건축물로 타구 1384개, 와포 8개, 함동(涵洞)4 개가 설치되어 있었다.

`항춘성은 1895년부터 1945년 사이에 큰 규모의 훼손은 보이지 않았다. 1935년에 대만총독부에서는 '사적 명승 천연기념물 보존법'에 의해 항춘성을 사적으로 정하고 보존을 해왔다. 20세기 80년대 이후에 항춘성을 여러 차례 개축하고 보수했는데 고성의 완정성, 진실성을 위해 옛날 방법대로 성벽을 개수하고 보수했으며 석회, 찹쌀, 흑당으로 풀을 한 점착재료를 썼다. 항춘성 성문 네 개 중 성루 세 개는 이미 무너졌고 성문의 아치형 부분과 담만 부분적으로 남아 있는데 그 중 유일하게 성루까지 보존된 남문은 1980년에 개축되었다.

대만 2급 문화재로 지정되었던 항춘성은 2006년 12월 26일에 항춘바다 7.2급 지진으로 여러 곳이 훼손되어 후에 국부적인 구간을 보수했다. 항춘고성벽은 현재 대만에서 비교적 잘 보존된 고대성지에 속한다.

항춘 성벽 남문(측면 촬영)

台南城

대남 성벽

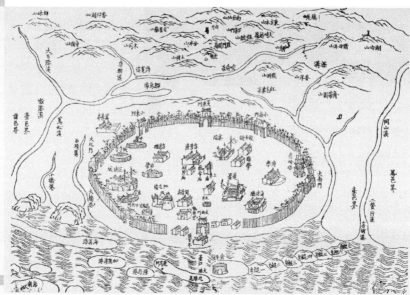

대남성 안내도

　　대만 서남부 가남(嘉南)평원에 있고 서쪽으로 대만해협을 사이에 두고 팽호와 마주하고 있는 대남은 대만에서 가장 일찍 개발된 지역 중의 하나이다.

　　대남 최초의 성 축조는 기원 1625년에 네덜란드 동인도회사가 오늘의 츠칸러우 자리에 허술하지만 일정한 방화 기능이 있는 성채를 쌓고 주위에 참대 울타리를 만들면서 시작되었다. 1652년에 대만에서 곽회일(郭懷一)의 네덜란드 저항사건이 일어나면서 네덜란드 동인도회사는 프로방시아 요새(오늘의 츠칸러우)와 질란디아 요새(오늘의 안핑구바오)를 쌓았는데 이런 요새는 대남의 도시와 도로 건설에 일정한 기초를 마련해 주었다. 츠칸성은 둘레길이가 45.3장이였으며 높이는 3.6장이였고 타구는 없었다.

　　대만부성의 목책성은 1725년에 순대어사(巡台御史) 선제포(禪濟布)의 주청으로 대만 지현 주종선(周鍾瑄)이 쌓은 것인데 자금은 대만에 온 관리들과 신사들의 녹과 기부금으로 해결했다. 둘레길이는 2147장이였고 동, 서, 남, 북으로 성문을 네 개 설치했으며 동, 남, 북쪽에는 소성문을 세 개 쌓았다.

1788년부터 1791년 사이에 대만 지부 양정리(楊廷理)가 목책성을 토성으로 개축했는데 성 서쪽이 바다 가까이에 있어 토질이 부드러워 성을 안쪽으로 120여장을 옮기고(150여장을 옮겼다는 설도 있음) 대서문과 소서문을 중건했다.

토성으로 개축한 후 둘레 길이는 2520장이였고 높이는 1.8장, 꼭대기 너비는 1.5장이였으며 밑부분의 너비는 2장이였다. 또 성 서쪽을 안쪽으로 옮겨 성이 궁형모양으로 되었기 때문에 민간에서는 대만부성을 '반월성'이라 부르기도 한다. 1895년 이후 서방 도시화 운동의 영향으로 옛날 대만부성은 도시건설과 함께 대부분이 철거되었으며 대부분의 성터에는 신식 도로가 개설되었다.

현재 대남고성벽은 대동문, 대남문, 소서문과 태열문(兌悅門) 등 성문 네 개와 소동문 구간과 대남문 구간이 부분적으로 잔존되어 있다. 1997년에 대동문과 대남문의 성문과 성루를 중건하고 부분 구간의 성벽을 보수했으며 현지 고적보호명단에 기입하고 효과적인 보호를 진행하고 있다.

젤란디아요새 잔존 부분

일본의 타이완 식민지 시대
(1895~1945) 대남성의 대북문

1900년의 대남부성
소남문

1900년, 일본군에 의해 점령된
대남부성 소북문

1900년, 대남부성 대북문
내측과 등성보도

대남부성 남문의 외옹성

대남부성 남문

台北城

■
대북 성벽

대북 대도정(大稻埕) 맹갑(艋舺) 평면도

대만섬 북쪽의 대북분지 밑부분에 있고 네 둘레가 모두 신북시(新北市)와 닿아 있는 대북은 대만의 정치, 경제, 문화 중심도시 중의 하나이다.

기원 1875년에 복건 순무 정일창(丁日昌)과 제1임 지부 임달천(林達泉)이 택지를 하여 맹갑(艋舺)과 대도정(大稻埕) 사이의 들판을 대북부(台北府) 성터로 정했다. 대북부성은 1882년 3월 13일부터 쌓기 시작하여 1884년 12월에서 1885년 1월 사이에 완공되었는데 전부 가늘고 긴 돌로 쌓아졌으며 청나라 정부에서 성 축조를 비준하고 풍수지리학 이론을 바탕으로 수축된 제일 마지막 성지이다.

대북 성벽은 평면이 대체로 장방형 모양으로 되어 있으며 둘레 길이는 1506장이고 높이는 1장 5척, 타구의 높이는 3척이고 성 꼭대기 부분의 너비는 1장 2척이다. 성문은 다섯 개를 설치했는데 동문과 북문에는 외옹성을 하나씩 쌓았으며 성 꼭대기에는 와포 네 개 그리고 포대도 쌓았다.

1894년에 중일 갑오전쟁이 일어났고 1895년에 청나라 정부가 대만을 일본에 떼어주었다. 하여 새로 수축된 대북부성은 그 어떤 방어작용도 하지 못한 채 대만 침략 일본군에 의해 점령 당했다.

1899년에 일본정부는 대북의 도시발전을 이유로 부분적인 대북성벽을 철거했는데 그 중에는 중국전통문화를 상징하는 성내의 문묘(文廟)와 무묘(武廟)도 포함되어 있었다. 서문을 철거하는 과정에 주민의 거센 반발로 총독부는 철거 계획을 양보하여 성문을 제외한 그 밖의 성벽만을 철거하게 되었고 이로써 대북성은 북문, 소남문, 동문과 남문 등 성문 네 개만 남게 되었다.

1966년에 관광수요로 시내환경을 정비하면서 훼손이 심각한 남문, 소남문, 동문의 성루를 개축했는데 이로 하여 민식(閩式) 건축풍격으로 지어진 성루도 영향을 받게 되었다.

현재 잔존해 있는 옛날 대북부성의 성문 네 개는 대만 1급 고적으로 지정되면서 중점적인 보호를 받고 있다.

청나라 말기 대북 서문 밖 철도와 성벽

대북부성 동문인 경복문
(景福門)

청나라 말기 대북성 대남문

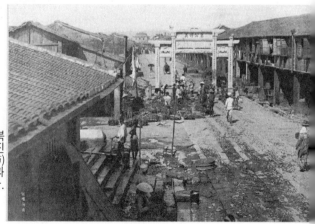

1895년에 일본군이 대북
성을 공격하여 점령. 사진
은 대북성 안의 석방(石坊)
거리. 대북성 서문 성문과
성루가 멀리 보인다.

1895년, 일본군이 대북성을 공격하여 점령

대북부성 동문인 경복문(景福門)

제9부 특별편

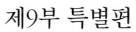

만리장성　万里长城

장성 성벽

20세기초, 산해관 성벽
아래의 시가지

20세기초의 만리장성과 중국
사람들

20세기 30년대, 멀리 보이
는 만리장성.

20세기 30년대의 산해관 밖 촌락.

20세기 30년대, 만리장성의
파손된 성벽.

20세기 30년대의 만리장성.

1930년, 고북구(古北口)장성
의 아름다운 경치.

　장성은 중국 나아가
전 세계적으로 성 축조
시간이 가장 길고 축조
공사 또한 가장 방대한
군사적 방어시스템이다.
장성은 동쪽에서 서쪽으
로 동북, 화북, 서북 등
지역을 가로 지르고 남
쪽에서 북쪽으로 장강, 회하, 황하, 해하 등 강과 하천을 꿰지른다.

　장성은 장장 2000년이란 기나긴 세월 속에서, 고대 중원지구의 농경민족들이 서
로 다른 시기에 서로를 방어하기 위해 또는 남으로 내려오고자 하는 북방유목민족
과 자신들의 땅을 굳게 지키려는 농경민족의 충돌이 자주 발생하던 그 곳에 축조되
었다. 이로써 장성은 농경문명을 보호하고 농경민족과 유목민족의 사회, 경제, 문화
질서를 바로 잡는데 이루 말할 수 없는 공헌을 하였다.

　장성은 하나의 군사적 방어시스템이다. 일찍 중국 신석기시대 즉 '고국(古國)' (
고대에 제후가 봉해진 나라를 가리킨다.)시기에 서로 다른 경제적 형태인 유목경제
와 농경경제의 경계지역으로 되는 동북지역으로부터 서북지역의 섬서, 감숙 일대에
이르기까지 띠 모양의 많은 석성이 생겼는데 이를 장성의 기원 또는 초기 형태의 장
성으로 보는 사람들도 있다. 춘추전국시기 즉 '방국(方國)' (방국은 중국 하, 상 교
체시기에 나타난 제후부락과 국가를 가리킨다.)시기 (기원전770년-기원전476년) 에
장성은 정식으로 역
사적 무대에 등장하
기 시작하여 각 제
후국들 사이의 겸병
과 반겸병이 충돌하
는 과정에 하나의 군

1930년, 산해관 성벽에서 멀리 바라본 모습.

건한 군사적 방어시스템으로 작용하였다. 진시황이 전국 통일을 이루고 진한 제국이 세워지면서 중국역사는 '제국'시기(기원전 221년-기원전206년)에 들어서며 이로써 만리장성도 형성된다.

장성은 춘추전국시기에 축조되고 사용되어 오늘까지 장장 2000여 년이란 시간이 흘렀다.

역사자료에는 처음으로 장성을 수축한 제후국이 초나라로 나와 있는데 그렇다면 장성도 기원전 656년보다 훨씬 이른 시기에 수축되었다고 봐야 할 것이다. 고고학 발굴자료에는 제나라와 초나라가 같은 시간에 장성을 수축한 것으로 나타나는데 그렇다면 제나라와 초나라 장성을 중국 역사에서 가장 일찍 수축된 장성으로 볼 수도 있을 것이다. 전국시기에 제(齊), 초(楚), 연(燕), 한(韓), 조(趙), 위(魏), 진(秦) 등 전국칠웅의 국면이 형성됨과 동시에 서로의 침입을 방어하기 위해 영토의 경계지역이나 군사충돌지대에 한 갈래 또는 여러 갈래의 선모양의 장성을 쌓았는데 그 길이는 수백 킬로 또는 천 킬로정도에 달한다. 나라들 간의 겸병전쟁이 날로 가열화되고 규모도 날로 방대해짐에 따라 진공과 방어에 대한 수요도 날로 급박해 졌으며 이로써 방어시스템으로서의 장성도 날로 발전되고 완벽해졌다.

기원전 4세기 전후에 장성은 농경민족과 유목민족의 관계를 정돈하고 사회질서를 유지하는 도구로 작용하였다. 연(燕), 조(趙), 진(秦) 등 나라는 북쪽으로 동호(東胡), 흉노(匈奴) 등 유목민족과 이웃하고 있었는데 남쪽 나라들은 농경 경제의 발전을 위해, 북쪽 나라들은 유목경제의 발전을 위해 농경과 유목이 모두 가능한 지역에 대한 치열한 토지, 가축과 인구 쟁탈전

감숙성 금탑현(金塔縣)의 한 (漢)나라 지만성(地灣城)

감숙성 과주현(瓜州縣)의 풍사의 세례를 받은 한(漢)나라 시기 역참 내성벽과 외성벽 유적

감숙성 가욕관

감숙성 돈황 서북쪽의 소방반성(小方盤城)과 한나라 옥문관(玉門關) 유적

을 벌였으며 이런 쟁탈전으로 정상적인 사회적 질서를 혼란에 빠뜨렸다. 당시 종합 국력이 뛰어난 연, 조, 진 삼국은 북방유목민족을 상대로 대규모의 군사를 발동하고 영토를 확보한 후 국토를 지키기 위해 북방변경지역에 유목민족의 남으로의 침입과 동으로의 이동을 방어하기 위한 장성을 쌓기 시작했다.

진(기원전 221년-기원전 206년)은 전국을 통일하고 그 위엄을 천하에 떨치기 위해 대장 몽염(蒙恬)을 파견하여 북쪽에 장성을 쌓아 국토를 지켰으며 흉노족을 700여리 밖으로 물리쳤다. 진나라 북쪽 일부는 원래 흉노에게 속했던 초원으로 진시황은 대규모의 장성을 수축하도록 명을 내리게 된다. 진시황이 수축한 장성은 북쪽 음산(陰山)지역의 장성을 제외하고는 대부분 전국시기 진, 조 연 세 나라가 수축한 것을 증축하거나 개수하고 연결시켜 서쪽 임도(臨洮)에서 동쪽 요동(遼東)에 이르기까지 그 길이가 5000km를 넘었기 때문에 이후의 장성은 '만리장성'이라 부르게 되었다.

장성을 수축하는 위대한 과업은 대한(大漢)(기원전 206년-기원 220년)시기에도 마찬가지였다. 한나라 초기 흉노귀족들은 중원의 전란으로 국력이 쇠퇴해진 틈을 타서 끊임없이 남으로의 침입을 발동했는데 한무제 재위시기에 종합국력이 한층 더 강화되면서 잃어버린 땅을 수복할 능력을 갖추게 되었다. 하여 한무제는 위청, 곽거병을 파견하여 흉노족을 물리치고 동쪽은 요동에서 서쪽은 서역에로 이르는 기나긴 장성을 쌓게 되는데 이는 장성 수축 역사가 있는 모든 왕조들에서 길이가 가장 긴 장성이었다.

남북조시대 (420—589) 는 중국역사에서 민족대융합의 성황을 이루는데 장성이 바로 산 중인이다. 북조 시기에 선후로 북위(北魏)' 동위(東魏), 서위(西魏), 북제(北齊), 북주(北周)와 선비족이 건립한 정권이 중국 북방을 통치했는데 전에 비해 다른 점이라면 이들은 모두 소수민족이 중원지구에 들어와 건립한 정권으로, 유목경제가 서서히 농경경제로 바뀜에 따라 전시대의 왕조들처럼 변경문제가 왕조의 흥망성쇠를 결정 짓는 요소로 되었다는 점이다. 또 북방의 돌궐족, 유연족, 선비족의 위협은 이 시기에도 마찬가지로 지속되었고 장성 수축 공사 또한 끊이지 않았다. 이 시기에 축조된 장성은 진한 시기의 장성에 비해 두 가지 특징을 가지고 있는데 하나는 소수민족이 통치하는 왕조가 장성을 수축했다는 것, 다른 하나는 서로 다른 정권과 통치 영역에 따른 장성의 위치적 변화이다. 위의 왕조들에서 수축 규모가 가장 크고 가장 빈번히 수축했던 것은 북제로 짧디 짧은 28년이란 통치시간에 수축 공사는 무려 일곱 차례나 진행되었고 가로세로 총 다섯 갈래에 길이는 수천 킬로에 달했다. 이는 한나라 이후 명나라 이전시기까지 당연 최고였다.

중국 역사에서 수당 시기는 정치, 경제, 문화가 급속도로 발전하고 번영을 이룬 기승전결의 중요한 역사적 시기였다. 물론 수나라 시기에 중원을 통일하고 남북조

1942년 5월, 팔로군(八路軍) 지휘원이 북경 밀운 장성에서

1937년, 장성에서 전투 중인 중국군대

1937년 9월 28일, 산서 차하르(察哈爾) 경내의 장성으로 들어서는 중국침략 일본군.

1937년 8월 26일, 팔달령을 점령한 후 환호하는 중국침략 일본군.이번 침입에 성벽도 많은 파괴를 입었다.

1937년 10월 1일, 자형관(紫荊關)을 넘는 중국침략일본군

가 분열된 국면을 결속지었지만 돌궐족, 토욕혼(吐谷渾) 등 유목민족의 침입은 여전했으며 이에 따라 장성 수축 공사 또한 끊이지 않았다. 당나라 시기에 각 민족사이의 끊임없는 교류가 이어지고 민족관계가 전에 없는 발전을 이루면서 드디어 사회적인 안정을 찾게 되었다. 하여 당나라는 대규모의 장성은 수축하지 않고 변경지역 특히 서역지구에 군사를 주둔하기 위한 보루를 쌓고 봉수대를 증축하여 감시만을 강화했다.

송나라시기(960—1279)에 산서성과 섬서성 일대의 장성은 한때 송나라와 요나라의 국경을 가르는 경계선으로 작용했고 두 나라는 장기간 일진일퇴의 치열한 지구전을 벌였다. 방어 능력을 강화하기 위해 송나라는 수나라 장성을 기초로 개보수를 진행했는데 주로 봉화대와 둔병 보루를 증축했으며 축조시간은 길지 않았다.

금나라 (1115—1234) 는 중국 역사에서 소수민족이 건립한 또 하나의 정권으로 북방지구를 통치한 시간이 한세기를 넘는다. 13세기에 몽골 부락의 궐기에 따라 여진족이 통치하는 금나

감숙 경내의 장성. 협구탄(峽口灘)의 한명(漢明)장성과 멀리 보이는 언지산(焉支山) 그리고 진회(陳淮)가 촬영한 봉화대 유적

라와 몽골은 총 23년이란 지루한 전쟁을 벌였으며 금나라 장성은 바로 이러한 전쟁 과정에 수축되고 사용되었다. 금나라 장성은 중국에서 가장 북쪽에 수축된 장성이며 소수민족이 정권을 수립한 후 기타 유목민족의 침입을 방어하기 위해 축조된 장성 중에서 가장 긴 장성으로 된다. 과거의 여

감숙성 돈황시 서북으로 60킬로 되는 곳에 있는 한(漢)나라 하창성(河倉城)

느 장성과 다른 점이라면 극히 완벽한 방어시스템을 꼽을 수 있는데 참호, 성벽, 봉수대와 그리고 성을 따라 축조된 수보(戌堡) 등이 하나로 어우러져 극히 치밀하고 완정한 방어시스템을 형성했다. 이러한 방어 형식은 그 뒤의 명나라에도 계속되었으며 나아가 초기 명나라 장성의 골격을 이루게 되었다.

감숙성 돈황지구의 한(漢)나라 장성

명청시기(1368—1911)는 중앙집권제가 고도로 발전하고 중국 판도가 기본적으로 형성되며 통일된 다민족 국가로 정식으로 부상하던 시기였다. 따라서 명나라 시기에 장성의 축조와 사용이 전성기를 이루었다면 청나라 시기에는 군사적 방어를 위한 사용이 역사적 무대에서 퇴색하는 시기였다.

내몽골 금계호(金界壕, 즉 금나라 장성)의 남쪽 갈래

명나라 시기에 수축된 장성은 중국 역사에서 축조 시간이 가장 길고 사용 시간이 가장 길며 축조공사가 가장 방대한 장성으로 방어시스템과 건축구조가 완벽하게 조화를 이루며 지금까지 가장 잘 보존되어 있는 장성으로 된다. 명나라 장성은 역대 장성의 성공적인 축조 경험을 본받으면서 당시 최고의 기술로 축조되었는데 동쪽은 요녕의 압록강 강변의 호산(虎山)에서 시작하여 서쪽으로 화북, 진북, 섬북, 감녕지구를 가로 지나 최종 기련설산과 사막에 있는 감숙성 가욕관에 이르는데 전체 길이가 8851.8km나 된다. 지리적 위치로 볼 때 아홉 개의 군진(軍鎭)으로 나뉘어 지며 이를 9변이라고도 한다. 명나라 중기 이후에는 아홉 개의 군진을

감숙성 오초령(烏鞘嶺)은 오늘날까지 동서방을 연결하는 교통요지로 되고 있다.

내몽골자치구 시린궈러맹(錫林郭勒盟) 둬룬현(多倫縣)의 금나라 장성

내몽골자치구 고양현(固陽縣)의 진한 (秦漢) 장성

요녕성 후루다오시(葫芦島市) 수중현(綏中縣)에 있는 구문구(九門口) 장성 오른쪽사진

요녕성 수중현(綏中縣) 소하구(小河口)에 있는 명장성

요녕성 단동시 호산(虎山)장성

11진 또는 13진으로 세분하면서 9변 13진이란 말이 생기게 되었다.

청나라 초기 한족, 만족, 몽골족의 화해와 통일에 따라 장성은 청해성 경내에서만 유목 부족들의 침입을 막기 위한 군사적 방어도구로 작용했을 뿐 점차 만금과 몽금 정책 다시 말하면 경제무역 등을 관리하는 시설로 역

내몽골자치구 흥안맹(興安盟) 경내의 금나라 장성

할을 바꾸게 된다. 청나라 중후기에 와서 외국 열강들의 침입과 청나라의 국력 쇠약으로 사회는 점점 불안정해졌고 농민봉기와 민족봉기 또한 끊임없이 일어났다. 이 과정에 청나라 정부는 과거에 수축된 장성을 그대로 이용하거나 새로 수축하면서 봉기군을 막았고 몰락해 가는 청나라 왕조를 그나마 유지할 수 있었다.

전쟁포화가 사라진 지 오랜 오늘날 장성은 옛날의 휘황찬란한 모습은 찾아볼 수 없지만 세세대대로 사람들의 기억 속에 오랫동안 남아 지워지지 않고 있다. 오늘의 장성은 이 시대가 부여한 새로운 사명을 짊어지고 중화민족의 정신적 지주로 되어 불요불굴한 투지를 자랑하고 전 인류가 공유한 진귀한 역사적 문화유산으로 되기에 손색없다.

내몽골자치구 타이푸스치(太仆寺旗) 궁보라거(貢寶拉嘎)초원의 금나라 장성

북경시 회유구(懷柔區) 명장
성 유적

북경시 밀운(密雲) 장자
로(墙子路)의 명나라 장성

북경시 밀운현 고북구(古
北口) 와호산(臥虎山)에 있
는 북제시기의 적대

산서성 양고현(陽高縣) 장성향(長城鄉)에 있는 명나라 장성 유적

산서성 천진현(天鎮縣) 화문보(樺門堡) 장성의 부뚜막 유적

산동성의 제(齊)나라 장성 유적

산동 제(齊)장성 유적인 내무(萊蕪)시의 동문관(東門關)

산동성 오련현(五蓮縣)의 제(齊)나라 장성 유적

신강위구르자치구 부강시(阜康市)의 당나라 시기의 서천(西泉) 봉화대(오늘날의 그 모습이 5미터의 원추형흙더미와 같다하여 5미터흙더미라고도 한다)

클라크 탐험대가 1908년에 촬영한 유림(楡林) 사막 내의 명나라 장성

신강위구르자치구 바리쿤(巴里坤)의 한(漢)나라 시기 봉화대

산서성 하곡현(河曲縣)의 명나라 시기 봉화대 유적

산서성 화순현(和順縣)의 명나라 진보진(眞保鎭)의 유명한 요충지인 황유관(黃楡關)

산서성 진성시(晉城市) 택주현(澤州縣) 진묘포진(晉廟鋪鎭)의 북제(北齊) 장성

산서성 편관현(偏關縣)의 노영보(老營堡) 동문, 명나라 때 노영보는 산서진(山西鎭)의 관할하에 있었다.

산서성 평정현(平定縣)의 신고관(新固關)

북경시 팔달령풍경구의 중국장성박물관

척계광(戚繼光)이 독창적으로
만든 공심(空心) 적루, 하북 난
평(灤平)의 금산령(金山嶺)

영하회족자치구 고
원(固原)의 진나라
장성 유적

영하회족자치구 청동협시의
북분구(北岔口) 장성유적

영하회족자치구 하
란현(賀蘭縣) 백두
구(白頭溝)의 명나
라 시기의 봉화대
와 봉수

영하회족자치구 영녕현(永
寧縣) 적목구(赤木口)(삼관
구三關口라고도 함)의 명장
성 유적

영하회족자치구의 명나라 시기 하동장(河東墻) 유적

영하회족자치구 고원(固原)의 진나라 장성 유적

영하회족자치구 남장탄촌(南長灘村) 황하연안의 드문드문 이어진 성벽 벽체

보수를 마친 산서성 대현(代縣)의 안문관(雁門關) 남문과 관루

절강성 임해성 성벽

고장성에서의 전투

영하회족자치구 해원현(海原縣)의 명나라 시기 봉화대, 돈대 주위로 방어용 성채 네 개가 지어져 있다.

공중에서 촬영한 가욕관 전경

청해성 황중현(湟中縣) 신
성촌(新城村)의 명장성

20 청해 대통(大通)
의 명나라 장성

천진 계현(薊縣)의 황애관(
黃崖關) 장성

하북성 회래현(懷來縣)의 대영반(大營盤) 장성

하북성 만전현(萬全縣)의 명나라 선부진(宣府鎮) 장성 유적

대지와 하나로 어우러진 금나라 장성